JN071097

雰囲気がいい人のやっていること

What people with a good atmosphere are doing

ヘアスタイリスト 浦郷栄二

SOGO HOREI PUBLISHING CO., LTD

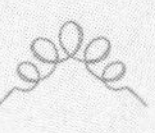

はじめに 「なんかいいな」と思われる人とは？

雰囲気がいい人の共通点

初めまして、美容師の浦Ｇｏ⤴こと、浦郷栄二(うらごうえいじ)です。東京・自由が丘で美容室を2店舗経営しています。

この本を手に取ってくださったあなたは「雰囲気がいい人」と聞いて、特定の誰かを思い浮かべているかもしれませんね。

その人から感じるのはどんなことでしょうか。

ポジティブでおおらかな空気

自分らしくて自由なオーラ
リラックスしているムード

こうしたことが出てくると思います。そして、できれば「こういう、雰囲気がいい人のようになれたら」と思っているのではないでしょうか。

ただ、一つ、心に留めていただきたいことがあります。

私がこの本で言う「雰囲気がいい」とは、漢字にすると「雰囲気が好い」。言い換えれば「好ましい雰囲気」ということです。「雰囲気が良い」ではありません。

雰囲気は「空気」です。空気そのものに「良し悪し」や「正しい／誤り」といったことはありませんよね。

人によって、何を好ましく思うかは違います。つまり、どんな雰囲気を「いい」と思うかも、受け取る人によってさまざまということです。

ただ、一つだけ共通点があると思います。それは「嫌な感じがしない」ということでしょう。また、初めに挙げた、いい雰囲気をまとう人たちは特徴として「自然体」であるとも言えると思います。

自然体でいられないのはどうして？

私は、約20年の美容師生活を通して、たくさんのお客様と接してきました。その中で気づいたことがあります。

自然体でいられない人は、思考にある癖を持っています。

お客様のご要望にお応えして髪を整え、喜んでいただく――。そうした美容師の仕事に、私は誇りを持っています。けれども、いつからか次第に虚しさのようなものも感じるようになりました。

「ここを直したい」というご希望を叶えたと思っても、その後またご来店されたとき、お客様は「次はこっちを変えたい」と別の部分を指して、おっしゃいます。その部分をクリアすると、その次は「今度はここ」「あっちも気になる」……。その挙句、初回と同じお悩みに戻ることも珍しくありません。

お悩みは尽きることなく、「ずっと」あるのです。

この〝お悩みのイタチごっこ〟を、どうにかできないだろうか——。

「どうして『自分のここはダメ、ここも嫌い』と、いつまでも悩み続けてしまうんだろう？」と、ずっと考え続けてきました。

でも今思えば、私自身もずっと同じ状態でした。

例えば「自分には経営の勉強が足りない！」と思い、「明日から早起きして勉強しよう」と決めるわけです。実際、出勤前の勉強を続けて習慣にすることができました。でも、すぐに今度は「話術が足りない」というふうに、別のことが気になってきます。

悩みは、外見についてだけではなく、内面についても同じです。私は特に内面に関することで、悩みのイタチごっこに陥っていました。

自分の中に、いつも解消されない「何か」がずっとありました。本当にキリがなく、毎日苦しく感じていました。

どうして悩みが尽きないのだろう。

考え続けた結果、悩み続けている人たちには、自分のある一部分の〝ポイント〟ばかりに目を向ける癖があって、常にコンプレックスに囚われているということに気づきました。

目指す理想像がないままに、「欠点」と感じているところをなくそうとしたり、隠そうとしたり、別の人のパーツに似せようとしたり……。それはたとえるなら、家をあちこち見回っては「ここがダメだ、足りない」とダメ出し。そして、完成図も描かず、元の家の骨組みを深く考えることもせずに、部分的なリフォームを永遠に繰り返しているようなものです。結果、家の雰囲気はちぐはぐな感じになるでしょう。

お悩みのイタチごっこをしている人も、本来の自分を無視して別の誰かになろうとしているわけですから、不自然な状態になってしまいます。

自分を改善して高めようとするのは素晴らしいことです。

でも、今の自分を肯定できない限り、ダメなところ探しは続いてしまいます。

問題を根本解決して負のループを断ち切る

もっとも、お客様の髪にまつわるお悩みをケアすることは、美容師のとても大切な仕事の一つだと思っています。

それでも「このお悩みのループをどうにかできないか」という想いを強くしていったのは、〝美容室のジレンマ〟についてもずっと気になっていたからです。

パーマやカラーリングの薬剤は、髪にダメージを与えます。お客様にきれいになっていただくための施術をしても、結果的に髪を傷めつけてしまうのです。そして結局、「傷んでますね、トリートメントしましょう」と提案することになってしまう……。

「これでは、問題の根本を解決せずに、あれもこれも必要と商品を売りつける悪徳ビジネスみたいじゃないか!?　美容とは人生を豊かにする素晴らしい仕事なのに……」。

そんな違和感がどんどん膨らみ、私は髪や頭皮を傷めない施術の探求を開始。ダメージを最小限に抑えたヘアカラーやパーマ、縮毛矯正を積極的に取り入れてきました。

目標は「お客様に満足していただけるヘアデザイン」と「私自身も納得できる品質」の両立でした。その結果、現在経営している店舗では、自信を持って「髪や頭皮が美しくあること」を第一にしたサービスを提供しています。

問題の根本の解決に励み、美容室のジレンマを解消することができたわけです。

この経験を糧に、悩みのイタチごっこについても考え続けました。

心の状態は体にも表れる

美容師の仕事を続ける中で、私がもう一つ興味を引かれ続けているものがあります。

それは「頭」です。

シャンプーでお客様の頭に触れているうちに、人によって感触が全く違うことに気づきました。理由をあれこれ考えているうちに、頭の内側にある脳と筋肉の反応のつながり、脳のメカニズムや人の心の動きに関心を持つようになり、脳科学や認知心理学、量子力学といった分野も少しずつ勉強していきました。

そして、あるとき、大きな気づきがありました。


「お悩みが根深い方ほど、頭が『硬い』！」

さらによく観察してみると、その方たちは肩が内側に入って体が丸まりがちで、あちこちに力が入っていました。

その後、私自身も自分の体の悩みについて、整体の専門家へ相談に行き、体を整えてもらったら、悩みのループにはまっていた自分の体も、緊張してガチガチに固まったような状態だということがわかりました。

延べ5万人ものお客様の頭を触ってきた経験と、知識やデータがつながって、体とメンタルが深く関係していることが見えてきたのです。

三つの意識改革で本来の輝きを引き出す

こうして、私は次の三つの意識を変えることで、本来持っている魅力を引き出す手法を開発しました。

①　自分や世界を肯定して、コンプレックスを手放す
②　自分の理想像を持ち、ヘアスタイルなどの外見で表現する

③ 体の中心軸を整えて、心身共に力を抜く

私はこの手法を**〝インプレ〟**と呼んでいます。

インプレとは、英語の「インプレッション（訳：印象）」の略です。「どう見られたいか」という望みに沿って、印象をデザインします。美容師の経験と技術で「どんな自分でありたいか」という内面と、髪を含めた見え方を一致させていきます。

インプレを体験されたお客様は、〝お悩みのイタチごっこ〟をやめて、理想の自分として生きることをためらわなくなります。

ところで、お気づきでしょうか。インプレの三つの意識改革は、冒頭で触れた雰囲気のいい人の特徴にほぼ一致しています。

意識が変わっていくと、生き生きと自由に振る舞うようになり、いつも自然体でいられるようになります。

その結果、「雰囲気がいい人だな」と周りに感じさせるようになっていくのです。

本書では、インプレの手法を使って、内側と外側から、あなたの印象を「なりたい

自分（理想像）」にデザインしていきます。そうすると、いい雰囲気に近づいていくのです。

この本を読んだあなたが、いつも人生を楽しんで輝き、本来の美しさや素晴らしさをいつでも表現できますように。そんな「雰囲気がいい人」でいられるように、お手伝いできれば幸いです。

contents

Chapter 3
なりたい自分の理想像を見つける

Chapter 4

今の自分の姿を知る

Chapter 5

〝フレーム〟で自分を表現する

企画協力　株式会社エム・オー・オフィス
編集協力　中原紫恵
本文デザイン　木村勉
イラスト　伊藤カヅヒロ
図表・組版　横内俊彦
校正　池田研一

心理学者メラビアンが行った検証によると、人がコミュニケーションする際、半分以上を視覚情報に頼って、相手の印象を決定するのだそうです。優しい声で優しい言葉をかけられても、優しい表情をしていないと、優しいという印象は受けないのだと言います。
「雰囲気がいい」と思われるためには、内面と見た目を合わせることは極めて重要です。
それでは、最初に"印象"と"雰囲気"について深く考えてみましょう。

Chapter 1

雰囲気がいい人が大切にしていること

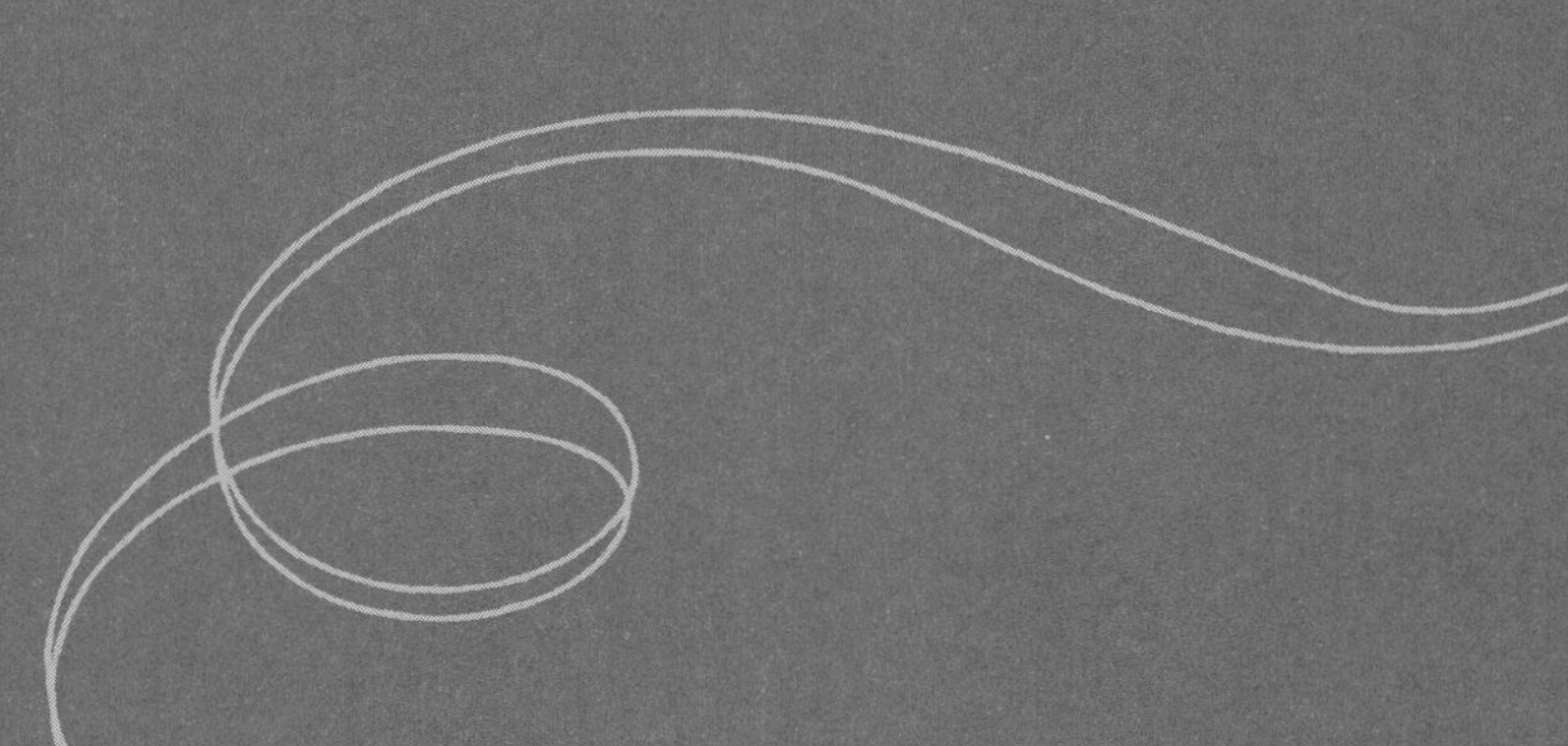

「印象」が「雰囲気」を作る

印象を決めるのは〝フレーム〟

初めて会った人について「どんな人だった？」と聞かれたら、大抵こんなふうに答えるのではないでしょうか。

「サバサバした、明るい人だったよ」

「あまり目を見てくれなかったから、よくわからないな……地味な人？」

「おしゃれできれいだけど、少しとっつきにくかったかな」

私たちは、これくらいざっくりとした「大枠」で人を見ています。

私は、この「人が誰かに会ったとき、パッと見て相手の印象を決めている部分」を**〝フレーム〟**と呼んでいます。**バストラインから上、証明写真に写るくらいの範囲の**ことです。次のページの図のように、**髪や顔、表情や声、姿勢などの各部分＝〝ポイント〟が、フレームを構成しています。**そして、**フレーム全体が人となりを表現し、〝自己表現〟として相手に伝わっています。**

「素敵！」「なんか好き」などの好感、「怖い」という恐怖感、「強そう」という威圧感、「嫌な感じ」「好きになれない」という嫌悪感、「頼りになりそう」という信頼感、「怪しい」という不信感、「優しそう」といった安心感、「かわいそう」という悲壮感、「話しかけやすい」などの親近感、などなど……。

フレームから発するこのような情報が、相手の心を動かします。そして、与えたイメージがその人の「印象」として相手の心に残ります。

ここで、ちょっと想像してみてください。

誰かと会った後、相手のはねたサイドの髪や、前髪のうねりを覚えていますか？　ほとんどの場合は覚えていませんよね。

雰囲気を構成するもの

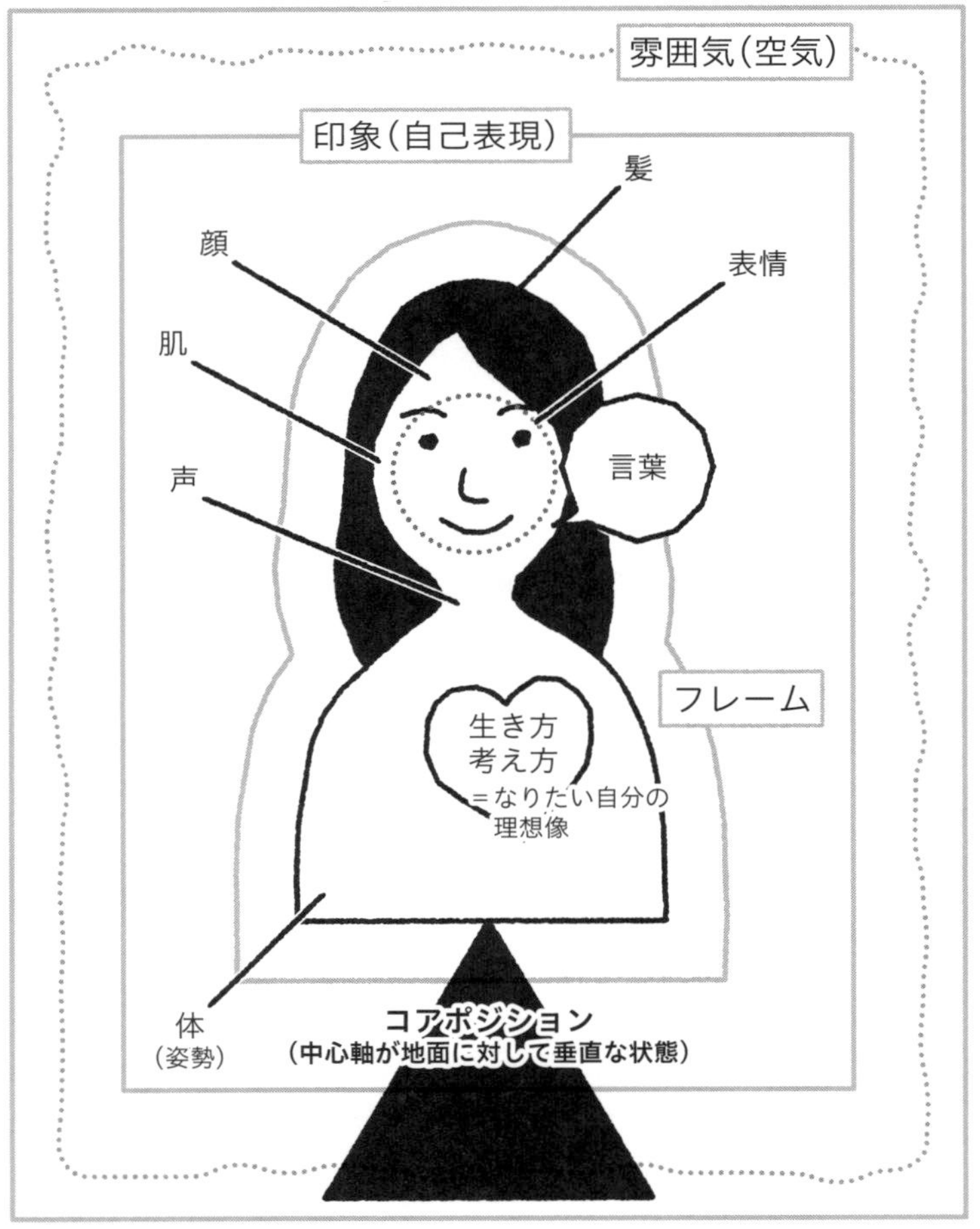
雰囲気(空気)
印象(自己表現)
髪
顔
表情
肌
言葉
声
フレーム
生き方
考え方
=なりたい自分の
理想像
体
(姿勢)
コアポジション
(中心軸が地面に対して垂直な状態)

一対一で向かい合って座って話していたりしたら、覚えているかもしれません。でも、その場合も見ていたのは髪だけではないはずです。

「昨日遅くまで仕事をしていて、今朝はセットする余裕がなかったのかな。顔色もよくなくて、疲れている感じだったし」「すごく大きい声で豪快に笑う人だったな。細かいことは気にしないおおらかな人なのかも」。このように、一つのポイントのみに注目するのではなく、他の情報と合わせて、「印象」として受けとめているのではないでしょうか。

また、顔のパーツのバランスが素晴らしく整って、ヘアメイクも完璧な女優さんに会ったとしても、その人の目、鼻、口、髪などの形を鮮明に覚えてはいないでしょう。「すごくきれいな人だったな！」「ツヤツヤのロングヘアだった」くらいだと思います。

つまり、あちこち気になる小さなポイントを改善し続けていても、それほど人は見ていないし、印象が大きく変わるわけではないということです。

気にしているのは自分だけなんです。

内面が生き方の〝軸〟になる

Ｐ20の図で特に注目していただきたいのが、〝フレーム〟を構成する一つの〝ポイント〟として内面も含まれていることです。

内面は、物理的に表出している顔や声、姿勢などのポイントとつながっています。**人の内側にある、目には見えない「生き方」「考え方」は、外見ににじみ出てくる**のです。だから、フレーム内で一番大切なのは、内面の部分だと言えます。

まず、自分の理想とする考え方や生き方をしっかり持つことが必要です。その理想と外見のポイントを合わせれば、望む印象を与えることができます。

自分の〝軸〟となる理想を定めて内面が安定すると、体の軸もまっすぐ安定した状態になっていきます。この状態が、Ｐ20の図で示した**〝コアポジション〟**です。詳しくは、このChapterの後半の項目でお伝えします。

意識する・しないに関わらず、あなたのフレームは、あなた自身を表現しています。

表現しようと思わなくても、相手に見えている外見は〝自己表現〟に他なりません。

私の苦いエピソードを紹介しましょう。

私は子どもの頃から、自営業を営む父に「そんなことでは社会に通用しないぞ」「お前はダメだな」と厳しい言葉をかけられて育ちました。その上、若くして母が難病を患い「人は何のために生きるのか」という問いをいつも胸に抱いていました。長い間、生きていることに対してポジティブになることができなかったのです。

そしていつしか「どうせ俺なんて」と考えるようになり、さらには「社会や大人なんてクソくらえ」とツッパって、世の中を否定的に捉えるようになっていました。

そんな無気力だった高校時代に素敵な巡り合わせで美容の世界に興味を持ち、自分で学費を貯めて美容学校へ通って、美容師になりました。

でも、念願の美容師生活の初日、先輩からドキッとすることを言われたんです。

「人を見下すような目をやめろ」。

そのときは「俺の方が、背が高いだけだろ」なんて心の中で毒づいていましたが、今ならわかります。その毒づくようなメンタルが、外見ににじみ出ていたのです。

お互いの印象が共鳴して雰囲気が生まれる

外見は、内面の延長線上にあります。

この場合の「外見」には、髪、顔、肌、表情、体といった目に見えるものだけでなく、〝フレーム〟内に表れる声や言葉（話し方）などまで含めます。

その中でも**体、特に姿勢は、内面を映し出すスクリーンのようなもの**。生き方や考え方が出るので、とても重要な要素の一つです。

昔の私は、きっと目つきが鋭かったのだと思います。それだけでなく、人と話すときに相手へまっすぐ体を向けず、虚勢を張って胸を突き出し、肩をいからせ、顎が上がって、まさに「人を見下す」ような姿勢になっていたのでしょう。

無意識のうちに、姿勢に内面の自信のなさが表れ、意図せず「見下した態度を取る生意気な若造」という自分を表現して、先輩にそう印象づけてしまったわけです。

先輩は不快感をあらわにしながらも厳しく注意してくれたのに、未熟な私は「偉そうな先輩」と感じ、ただ反抗的な気持ちを抱いただけ。そうした内面の未熟さが、外見にもはっきり出ていたことでしょう。

結果、二人の間に不穏な空気が流れ、ピリピリした雰囲気ができてしまったのです。

雰囲気とは、お互いの印象が相互に影響し合って生み出されるもの。

職場でイライラしている人がいれば、場の雰囲気はその人の「怖い」印象に影響を受けて張りつめたものになるでしょう。でも、そのとき誰かがイライラした人を気遣う気持ちを見せたら、その「優しい」印象によって、雰囲気が和むかもしれません。

自分が望む雰囲気を作るためには、その雰囲気につながる印象を与える自分であることです。あなたが思う「いい雰囲気」の自分を表現すれば、その場が変わるでしょう。内面は印象につながり、雰囲気を作っていきます。そして、その**雰囲気は、同じような雰囲気を持つ人を引き寄せます**。

「類は友を呼ぶ」と言われるように、同じような価値観や人生観を持つ人たちを引き寄せ、また引き寄せられていきます。

なぜ微妙な雰囲気になるのか？

雰囲気がいい＝居心地がいい

私は、雰囲気がいい人とは「居心地のよさを感じさせる人」だと思っています。受け取る人にもよるので一概には言えませんが、「居心地がいい雰囲気」は、多くの人にとって、いい雰囲気だと思います。

逆に言えば、多くの人がなんだか微妙と感じるのは、「居心地がよくない雰囲気」ではないでしょうか。

また、**居心地がいい雰囲気の人は「気を遣わせない人」とも言える**でしょう。

「失敗しても責められないだろう」「どんなことも受けとめてくれそう」。そんな安心感を与えてくれて、変な緊張感なく一緒に過ごすことができます。

一方、微妙な雰囲気の人は、どこかよそよそしい印象で、相手の心をザワザワと、落ち着かない気持ちにさせます。そんな人からは壁を感じるので、「何を考えているんだろう？」「これ、言っても大丈夫かな？」と気を遣ってしまいます。

そうなると、なんだか居心地がよくないですよね。

居心地がいい人は周りが見えている

「壁を感じる」「よそよそしい」。微妙な雰囲気は、なぜ生まれるのでしょうか。

その**原因は「自己肯定感が低いこと」にある**と思われます。

微妙な雰囲気の人は、自分に対して否定的です。自信がありません。目や鼻、髪のクセなど〝フレーム〟の中にある自分の〝ポイント〟を恥じて言い訳をしたり、自虐したり、ごまかそうとしたり、隠そうとしたりします。そうして、気にしているポイントに触れられることを恐れているので、いつも怯えているような緊張感を出してしまいます。

結果、相手のことも緊張させる空気が生まれるのです。

微妙な雰囲気の人は、人からどう思われるかを気にしすぎています。意識が完全に自分に向いていて、周りのことが見えなくなってしまっています。

一方、**雰囲気がいい人は、意識が自分ではなく外に向かっています。**

だから、周りの人は「いつもこちらを気にかけてくれている」「いつも優しくしてくれる」と感じて居心地がよくなるのです。

いい雰囲気にしようと心がけていても、無理はしません。取り繕わずに振る舞う様子が、周りの人に「自分も素のままで大丈夫」と思わせます。このタイプの人たちは、たくさんの人に好かれるでしょう。

あなたは、最近こんなふうに感じることはありますか？

「頑張りを認めてもらえなくて悲しい」

「自分も、周りの人も、あまり笑っていない」

「気を遣ってばかりで疲れる」

「なんだかいつも居心地がよくない」
「職場がギスギスしている」
「友だちが少なくてさみしい」
「なんだかイライラする」
「体調がすぐれない」
「イマイチやる気が出ない」

もしそんなふうに感じているなら、微妙な雰囲気を醸し出してしまっているかもしれません。そんなときは、意識を少し外に向けてみてください。

例えば、誰かの頑張りを見つけて、口に出して褒めてみる。

すると、自分の頑張りも認めてもらえるようになって、嬉しくて笑顔が増えて、周りの人も笑うようになって、気を遣う必要がなくなり、周りからも変に気を遣われなくなり、職場の居心地がよくなって、人間関係が好転して、友だちが増え、気持ちが安定し、体調も上向き、なんでも前向きに取り組めるようになっていた——。

こうして、オセロの石がパタパタと引っくり返るように、あっという間に世界の色が変わるかもしれません。

雰囲気は影響し合って作られるもの。あなたが変われば周りも変わります。

そのときあなたは、きっと、居心地のいい雰囲気になっていますよ。

雰囲気を使いこなす人がしていること

「いやいや、私は陰キャラだから……」などと思う方もいるでしょうか。

でも、**与える印象や持っている雰囲気は、生まれながらのものではありません**。自分の意識を変えることで、意図した雰囲気を作ることができます。


世の中には、自分の印象や雰囲気を自在に操って活躍している人もいます。

政治家や芸能人はその達人です。視聴者・有権者・ファンといった自分を取り巻く人のことを常に考えています。自分の軸をしっかり持ちつつ徹底的に意識を外に向け、上手に自分を表現しています。だから、多数の人に影響を与えられるのです。

ただ、そうした人たちの生み出す雰囲気が「いい」ものであるとは限りません。わざと心をザワつかせる印象を与えて、世間に波紋を起こす「ヒール」的なキャラクターの人もいますね。

いずれにせよ、雰囲気を味方にしている人たちは、自分を肯定しています。まず**「私はこのままでＯＫ」と認めています**。そして、**その自分がどう人の役に立ち、影響を与えられるのかを考えて生きています**。

これは「芸能人のように、より多くの人に影響を与えるべき」「大きなことを成し遂げるべき」という話ではありません。

大事なのは「周りの人に必要とされる自分でいること」です。

ただ繰り返しますが、いい雰囲気は受け取る人によって違います。

どんな印象や雰囲気でも好ましく感じる人はいます。お互いに居心地よく感じる人同士で過ごし、自然体でいられることが一番です。

雰囲気がいい人には「らしさ」がある

したいときに、したいように

これまでたくさんのお客様にお会いして思うことは、**雰囲気がいいなと感じる方たちの装いの選び方には「ブレがない」**ことです。それは、おしゃれとかセンスとかの次元とは少し違っています。

とにかく「したいときに、したいようにする！」。

髪で言えば、ロングヘア全盛の時代にショートヘアを楽しんだり、明るいカラーが流行していても漆黒を選んだり、ファンキーな強いパーマや奇抜な原色カラーで変身したり、普段は洗って乾かすだけのシンプルなボブスタイルだけど、好きなアーティストのコンサートの日には美容室でばっちりセットしてドレスアップしたり……。

これは「人と違うことをする」とか「大変身してびっくりさせる」ことが目的ではありません。

何年も、オーソドックスなヘアスタイルを貫いていらっしゃる方もいます。

「こうしていたいから、変えない」。

それも「したいようにする！」ですよね。

ヘアスタイルを頻繁に変えないタイプの方たちは、そのスタイルを「いつも素敵ね」と褒められているはずです。そして、ある日突然、気分を変えて新しいヘアスタイルにしたとしても、きっと褒められます。**自分のタイミングで、自分の意志で変えたそのスタイルは、また必ずその人らしくて素敵**だからです。

変わらないスタイルが「いつも素敵」ではなくて古びて見えたら、それは〝お悩みのイタチごっこ〟の表れです。

もしかしたら、何かを隠したくてヘアスタイルを「変えられない」理由があるのではないでしょうか。


「ショートは似合わないから、切らない」

「エラが目立たないように、いつもこの長さ」

「髪が少ないから、ボリュームが出やすいミディアムパーマ」

「モテないのに女性らしくするのが恥ずかしくて、ボーイッシュヘア！」


長年続けているヘアスタイルが、コンプレックスから身を守る「隠れ蓑」のようになっていることもあるのです。

らしくない装いは、よそよそしい

ファッションやメイクも同じです。

「一重まぶたはかわいくないから、二重にするアイプチはマスト！」

「低い鼻を高く見せるために、シェーディングを入れないと！」

「色気がないから、リップを大きく描いてグロスもいれてぽってり唇に！」

「美人じゃない顔にメイクしても仕方ないから、メイクはしない」

「太ってるから、いつもお腹が隠れるトップスと太めのパンツ」

「背が高いからヒールのある靴は履かない」


そんな「隠れ蓑」の心理は、相手に伝わります。

例えば、アイプチに太いアイライン、長いつけまつげ。

アイメイクにやけに力が入っていて「小さい目を大きく見せたい」という意識が強く感じられたら、「気にしているようだから、メイクの話はしない方がいいかな」と、気を遣うのではないでしょうか。

隠し始めると、隠すことに必死になって、「自分らしさ」なんて考えられません。

その人らしさがないのですから、不自然な「よそよそしさ」を感じさせます。


ファッションやメイクなどの「足すもの」は、本来の魅力を引き立てるためにある

のだと思います。あなたをより美しく見せるものであり、本来の自分らしさを塗りつぶすものではありません。

では、「整形級メイク」や「詐欺メイク」と呼ばれる、メイクで別人のように変身することが「よそよそしい」かというと、そうとも限りません。

YouTubeやTikTokなどの動画配信で、潔く素顔を見せている方たちは、メイクで大変身することを心から楽しんでいて、見ているこちらも楽しくなりませんか？

その動画は、メイクのテクニック以上のことを伝えています。「メイクを楽しんでいる私」、もっと言えば「人生を楽しんでいる私」を表現しているのです。そのとき、メイクは「隠すもの」ではなく「自分らしさを表現するもの」になっています。

コメント欄で「もっと詳しく教えて！」「こんなコスメも使ってほしい」という質問や要望が寄せられているのは、フォロワーの方が居心地のよさを感じている証ではないでしょうか。

「薄味の顔の私だけど、今日は服装に合わせて華やか顔にしようかな」。

そんなふうに装いを選ぶ生き方は「したいときに、したいようにする！」マインドのお手本だと思います。

「好き」で選べば「らしさ」になる

「したいから、こうする！」という、ありのままの自分が出ていれば、どんな装いでも、いい雰囲気になります。どれだけお金や手間をかけているか、かけていないかなどは問題ではありません。


例として、田舎暮らしのおばあさんを思い浮かべてみましょう。

髪はカットもカラーもずっとしていません。お化粧もしません。古い質素な服を着ています。畑仕事をして、掃除をして、食事をして、お風呂に入って寝る毎日です。自然と共にある暮らしが人生の真ん中にあるから、畑で動きやすく汚れが気にならない服と、顔にかからないようにまとめた髪がベスト。人からどう思われるかなんて、考えていません。

このおばあさんは、その「何もしない」装いがナチュラルなライフスタイルにしっくり合って、魅力的に映るでしょう。好きでそうしているから「この人らしいな」と、雰囲気のよさを感じさせます。逆に、ヘアメイクばっちりで高価な服を着ていたら、微妙な雰囲気だなと感じると思います。

ただし、おばあさんが「粗末な服で、髪にもお化粧にもかまっていない。こんな自分は嫌いだ」と否定的に感じているとしたら、全く違って見えるはずです。「ナチュラルな暮らしを楽しんでいる、豊かなおばあさん」のイメージが「田舎でわびしく暮らす、孤独な老人」に一転してしまうかもしれません。

周りと全然違う装いをしていて「風変わり」と思わせる人もいれば、「この人らしい味がある」と思わせる人もいますよね。

「らしさ」を感じさせる人は、「こうしているのが心地いい」と感じている自分にOKを出している人です。一緒にいたら「したいようにするっていいな。自分もやりたいようにやろう」と思わせてくれます。

だから、自分らしさをためらわずに出す人って、雰囲気がいいんです。

雰囲気がいい人には「自由な〝自己表現〟」がある

「べき論」に縛られない

以前、私の店のある女性スタッフが自分の中の「べき論」を壊して雰囲気を変えていったことがありました。

彼女はずっと「強い女性」に憧れていたそうです。「強くて頼りにされるような私でいたい」と願い、そんな自分を目指して毎日頑張っていました。でも一方で、彼女は頑張ることにとても疲れていたようです。

そんな折、彼女と話す機会が訪れました。彼女は思い詰めた様子で話し始めました。「強くて頼りにされるような自分でいたいと思って、弱音を吐かないように、泣かないようにして頑張ってきたんですが……」

必死で涙をこらえる彼女に、私は聞きました。

「強い女性というのが、君にとっての大切な美意識なの？」

「そうです」

「強い女性は弱音を吐いたらいけないの？　泣いちゃいけないの？　強い女性でも涙を見せてもいいし、弱音を吐いてもいいんじゃない？」

彼女はハッとしたような表情をしました。

「涙も弱音も含めた強さだってあると思う。君なりの強さを探してみたら？」

この「自分なりの強さ」という考え方は、彼女に新鮮に響いたようです。

彼女にとっては「弱さは見せない」というのが、強い女性の「あるべき像」でした。その想いが強すぎて、頑なに弱いところを見せまいとして疲れてしまったのでしょう。

人間はいろんな面を持っているのに、「あるべき像」からはずれた一面を「自分のキャラではない」と見なして、排除しようとしてしまうことが多いと思います。

でも、**場面によって出てくる自分が違って、当たり前**です。人生を重ねるごとに出てくる新しい自分もあると思います。もっと自由になっちゃいましょう！　いろんな面を持つかけがえのない一つの存在として、あなたがあるんです。

「確かにそうですね」と少しホッとした顔を見せたそのスタッフは、少し日が経った今、すごく印象が柔らかくなって、いい雰囲気になってきています。

たまには「もう無理」と言ったり、涙を流したり、自分の弱い面も認めて、表現できるようになりました。柔らかいけれどポキンと折れない。彼女なりのしなやかな強さを身につけたんだな、という気がしています。

周りが期待するキャラクターから抜け出す

以前の彼女のように本来の自分を表現できないと、生きるのが窮屈に感じてしまうでしょう。

ロングヘアでなかなか人気の出なかった女優さんが、ショートヘアにした途端、人気に火がついたという話をよく聞きます。これはどうしてでしょうか。

ヘアスタイルには、そのスタイルが持つ性質があります。その性質がキャラクターを表現し、印象として伝わるのです。

ロングヘアは一言で言えば「女性らしさ」。そのため「かわいい路線」で売り出したいという事務所の方針に従って、ロングヘアをキープしていることもあるでしょう。女優さんは印象作りのプロですから、求められたキャラクターをうまく演じることができると思います。でも、誰かの意思や期待に沿った振る舞いをしなければいけないのは不自由でしょう。そんなとき、新しい役柄で初めてショートヘアにしたら、実は本来の自分に合っていて、自由に自分を出せるようになったのかもしれません。

本人の持ち味とヘアスタイルのキャラクターがカチッとはまった瞬間、魅力が花開くのだと思います。

あなたは誰かの期待を「べき論」に当てはめた自分で生きていないでしょうか？

「女の子なら、花柄の服を着なくちゃ」

「運動部と言えば、ショートヘアでしょ」

「お姉ちゃんなんだから、しっかりしないと！」

育ってきた環境や職場、周りの人の意見などによって、知らず知らずのうちに自分の気持ちや持ち味とは別の「キャラクター」を演じているかもしれません。

「いつも笑顔」の仮面を脱ぐ

雰囲気がいい人たちは、言葉の使い方も上手です。

これは「ネガティブなことを言わない」とは少し違います。**ポジティブであれ、ネガティブであれ「自分が伝えたいことをきちんと言葉で表現できる」**ということです。

美容室で仕上がりに納得していないのに「ポジティブでいなければ」と思って、不満を飲み込むようなことはありませんか？

そのような状態はいい雰囲気を生み出しません。「ここが気に入らない」と不満を伝えてくださるお客様にも、雰囲気がいい方はいらっしゃいます。

嫌なら嫌と言う。大切なのは、適切な言葉を選び、相手の心を必要以上にザワつかせずに想いを伝えることです。

「雰囲気がいい人」と聞くと、なんとなく「いつも笑顔」というイメージを持つ方も多いのではないでしょうか。

でも、それもちょっと違うことがおわかりでしょう。自分が感じていることに蓋をしていると、本当は何を求めているのかわからなくなってしまいます。サイズの合わない別の人のお面をかぶっているようなもので、落ち着きません。前が見えない状態でフラフラ歩いているみたいに、不自然な自分になってしまうでしょう。

笑いたい気分ではないとき、無理に笑わない。本当に笑いたいときに、感情のままに笑いましょう。

正直な気持ちを自由に出せるあなたでいてください。

雰囲気がいい人は〝フレーム〟で捉える

美しさとは「自分らしくあること」

私は美容師として、**全ての人が自分の美しさに気づき、それを認めて「自分らしく美しい自分であろう」という気持ちで人生を歩んでいってほしい**と思っています。

「うわべだけの美しさは、我々から真の美しさを奪う」。

これは、レオナルド・ダ・ヴィンチが残したと言われる言葉です。一生懸命メイクをして着飾っても、**欠点を隠そうという気持ちが強ければ、本当の美しさを表現でき**

ないことを表した名言だと思います。

美しさに正解はありません。美の価値観は人それぞれです。**美しさは自分で決めるもの**。だから、あなたの外見を世間の価値観に合わせる必要はないですよね。

美しさとは「目鼻立ちが整っていること」や「痩せていること」ではありません。自分が生来持っている美しさを表現することに集中しましょう。「個性を大切にする」と考えるとわかりやすいかもしれません。

すると、もっと大枠で自分を捉えて、印象を左右する〝フレーム〟に意識を向けることになります。

「木」を見るのではなく「森」を眺める

物事を分解していくと、必ず「男／女」「温かい／冷たい」「好き／嫌い」などの、対になる概念が抽出されるそうです。そして、そこに注目し続けていると「善悪」の二元論でしか考えられなくなると言います。

「木を見て森を見ず」という慣用句を聞いたことがあるでしょうか。「一部分に気を取られて、全体を見失うこと」を意味します。〝フレーム〟ではなく〝ポイント〟を見るということは、この状態に似ています。

森を見ているとき、その中の1本の木は名もない「木」です。

では、森を分解して、ある1本の木に注目すると、どうなるでしょう。

「あ、この木はスギだな」

「このスギの木は、周りの木よりも背が高いな」

「この背の高いスギの木は、なんだか他の木より細いぞ」

「このスギの木は、木材としては不適格だな」

こんなふうに、いろいろと分解して考えることができるでしょう。すると、急に「高い／低い」「太い／細い」という対になる言葉が出てきます。そして、「最適」「不適格」など、何かしらの善悪のジャッジメントが残るのです。

同じように、自分の容姿を目・鼻・口というように、〝ポイント〟に分解して、一つひとつ目を留めていくと、それぞれ善悪を決めるようになります。**容姿を構成するポイントの一つは「悪い」とジャッジされた瞬間、「欠点」になります。**

つまり、ポイントに注目していると、最終的には欠点探しになってしまいます。それって苦しいことだと思います。

だからと言って「細部は気にするな」というわけではないですよ。爪やまつげなどの細かいポイントを丁寧に手入れするのは好ましいことです。

大切なのは、**重箱の隅をつつくようなものの見方をしない**ということです。

「木を見て森を見ず」をストップ。木の集まりを森として眺め、「どんな森を作ろうかな」と考える思考の転換です。

雰囲気がいい人は、髪や顔などの欠点を見ていません。各ポイントをひとまとまりの〝フレーム〟で捉えて、「こんなふうに美しくあろう」と考えている人だと思うんです。

〝フレーム〟で捉えると余裕が生まれる

自分なりの美しさを追究していると、他者と自分を比較しなくなります。比べないので、何かを批判的に見たり否定したりすることもなくなります。**周りの人や物事、起こることをありのまま受け入れられるようになる**のです。

人と自分を比較している間は「自分VS他人」の意識になっています。「周りはみんなライバル！」という心理です。常に戦闘モードで、緊張している状態です。もちろん、それは周りに伝わります。ピリピリムードは、決して居心地よくありません。

自分や世界を大枠で捉え、広い視野から物事を考える人からは、批判的な視線を感じません。だから、いい雰囲気になるんです。

そして、広い視野からものを見ることは、客観視することにつながります。

雰囲気のいい人は、自分のことも〝フレーム〟の外から誰か別の人を見ているかのように冷静に眺めているのだと思います。

「見せたい自分」にスポットを当てて、それを表現する。一つの理想を表すことに集中していると、その自分が人からどう見えるのか、だんだんわかるようになる。こうして、内側に向かっていた意識のベクトルが外側に向かっていきます。

自分が相手にどう影響を与えているかもわかってきます。周りの人に気を配る余裕も生まれるわけです。

もしかしたら「すぐに比べるのをやめなきゃ！」「早く視点を変えられるようにならないと！」と焦らせてしまいましたか？

自分の美しさがわからなくても、客観視できていなくても、「自分は何もできていない。全然ダメだ……」なんて悲観しないでくださいね。

今はそのステージにあるだけのことです。

人生も大枠で捉えてみましょう。多少思い通りにならないことがあっても、最終的に立ちたいステージに到達しようとトライしていれば充分です。

雰囲気がいい人は「コンプレックス」を気にしていない

自分の美しさを信じる

世界的に人気のアーティト、ケイティ・ペリーはこんなことを言っています。

「本当はコンプレックスを感じていても、自分は美しくて、そのことを誰よりも一番知っていて自信が満ちあふれているように振る舞うの。そうすると周りの視線を奪えるのよ」。

コンプレックスに注目しないことで本来の魅力を発見し、それを表現して、世界中の人に影響を与えることができたという彼女の成功の秘訣が語られています。

自分の美しさを誰よりも自分で理解する。そして**「自分は美しい」という自信を持ってそれを表現すれば、私たちも人の心をつかむことができる**。つまり、いい雰囲気をまとえるのだと勇気づけられる言葉ではないでしょうか。

「ケイティは美人だから」と思うかもしれません。

でも、彼女自身「本当はコンプレックスを感じている」んです。けれど、それは一旦置いておく。自分の美しさにフォーカスして、表現しているのだと言っています。

これこそ、コンプレックスを感じる容姿の〝ポイント〟を見ずに、自分を〝フレーム〟で捉えている状態なのです。

〝ポイント〟への執着がコンプレックスを生む

「自分を〝フレーム〟で捉えてコンプレックスを見ない」とはどういうことでしょうか。

まず**コンプレックスとは、欠点などから感じる「劣等感」**のことです。

P47の「森」の例のように、フレームを分解して〝ポイント〟に注目していると、欠点探しになっていきます。その結果、コンプレックスを抱き始めるのです。

自分をフレームで捉えれば、欠点から視点がずれて、コンプレックスを意識せずにいられます。

ヘアメイクやファッションで考えてみましょう。

自分の容姿を丸ごと認め、ありのままの自分の魅力を引き立てるように、ヘアメイクや服を選ぶ。これは「このままの私でいく」と自分を受け入れるところから始まる、自分を肯定する作業です。**繰り返すと、自分を肯定できるようになっていきます**。

一方、欠点を隠すためのヘアメイクや服を選ぶことは、正反対の作業です。いつも欠点を気にして、コンプレックスに向き合い続けてしまいます。無意識に「劣っている自分」が刷り込まれて、自己肯定感は下がる一方です。

例えば、がっしりしたいかり肩は、華奢な肩より劣っているわけではありません。それがもしコンプレックスになっているとしたら、「かわいらしくない」「セクシーじゃない」などの自分の主観です。

コンプレックスは「置いておく」

コンプレックスに注目しなければ、ありのままの自分を肯定できるようになります。**いい雰囲気とは「こんな私ですが、よろしければ一緒にどうぞ」という、リラックスしたムードと言える**でしょう。そのムードは、自分を誰かと比べず、善悪で判断せず、ありのままの自分にOKを出して、とても楽になった状態からきています。コンプレックスばかり見て、オドオドしたりイライラしたりしている状態ではありません。ケイティのように「自分はここがコンプレックスなの。でも、それを含めた存在が私よ。よろしく！」と、自分を丸ごと受け入れていると思います。

「でも、どうしてもコンプレックスを受け入れられない……。自分は本当にダメ」と思ってしまった方がいるかもしれませんね。

そんなに自分のコンプレックスを敵視しないでください。**コンプレックスは、自分を変えていくための原動力にもなります**から。

気にしすぎず、ちょっと横に置いておく時間を延ばしていきましょう。

雰囲気がいい人は「自分の理想像」をわかっている

理想を見失ってしまう理由

「どんなふうになりたいですか？」
私はお客様の髪に触れるときに、いつもこう聞いています。

「柔らかい雰囲気に」
「若々しいイメージで」
「明るくて親しみのある感じに」

みなさん、いろいろな理想を抱いています。

実は、この質問は「どんなヘアスタイルになりたいか」だけを尋ねているわけではありません。どんな自分になりたいのか、内面の理想像も知りたいのです。

そうしてお客様の理想を聞いていくと「もう既になってるのになぁ」と思うことがよくあります。でも、そのお客様は「まだまだ理想からは遠い」とおっしゃるのです。

また「どんな自分になりたいか?……よくわからないです」と、なかなか答えが出てこない方もいます。


どちらの場合も、**「ありのままの自分を認められない」ことからきている**と思います。そのために「自分を見失っている状態」とも言えるでしょう。

周りを気にしたり、人と比較したり……。そうやって、自分を批判的に見ていると、自信を失くして心が委縮してしまいます。行動するときは、世間や他者の価値基準が頼り。「こうしなきゃ」で動いているので「自分がどうしたいか」がわからなくなってしまうのではないでしょうか。

もし、あなたが「なりたい自分の理想像」を持っていたら、他の誰かはあなたのことをその理想の姿として捉えているはずです。

それなのに、ほんのささいな「至らない点」を見つけては「これはできていない」「まだまだ足りない」「意識しないとできないようではダメ」などなど。そんなふうに否定する人がとても多いのです。**思い込みが、本当の自分を見えなくしているだけ**だと思います。

コンプレックスから解放されると、目・鼻・口といった自分の理想ではない外見の〝ポイント〟に目を向けなくなります。そして、なりたい自分として、いい雰囲気で人と関われるようになるのです。

ゆるぎない価値観を持つ「グレイヘア」

近年、白髪をそのまま活かすヘアスタイル「グレイヘア」が話題になりました。ロハス志向の高まりなどに伴って、白髪が出始めた40～50代の若い方にも、カラーリングをしない選択をする方が増えてきました。

これはヘアスタイルの一つですが、私はそれ以上に**「生き方のスタイル」**だと思っています。

お客様にも「グレイヘアにしようかな」とおっしゃる方が増えました。

でも、カラーリングをやめてグレイヘアが完成する前に、「やっぱり染めます！」と断念する方がほとんどでした。

「白髪＝エイジング（老化）」というイメージは根深いものです。頭を一目見た瞬間に「おばあさん」と思われることは否めません。鏡の中の自分の姿を見てもそう感じてしまうと思います。それに耐えられず、ギブアップしてしまうのです。

「カラーは面倒だし、お金もかかるし、ブームだから私もグレイヘアにしちゃおう」くらいの軽い気持ちでは、絶対に続きません。

実際にグレイヘアを続けている方は、私の経験ではごくわずかです。

グレイヘアを貫く方は「おばあさんと思われる」なんて全く気にしません。それよりも、自分にとってはるかに大切な価値観のもと、カラーリングをやめることを選んだからです。「自然に逆らわない私」「見た目にこだわりすぎない私」など、表現したい「自分の理想像」が明確にあります。

まさに、生き方の価値観が現れるスタイルだと思います。「外見は内面の表現」ということが一番わかりやすい例かもしれませんね。

グレイヘアに変えたお客様は、雰囲気がいい方ばかりです。グレイヘアに変えた著名人の方からも、いい雰囲気を感じませんか？

それは、彼女たちが**人生で本当に大切にしたい価値観を見つけて、理想の生き方を定め、その自分を目指すことに集中している**からだと思います。「これが理想なんて言うのは、今の私には畏れ多い」などと卑下することもなく「こう生きます！」と堂々と表現しています。

そして、理想に向かう前向きな自分を楽しんで、ありのままに生きているのです。

もちろん、「信念を持った上でグレイヘアにすることは素晴らしい！　ぜひ、やりましょう！」というわけではありません。染める・染めないに正解はないのです。

だから、私はお客様へ「白髪を隠すためにカラーをしましょう」とは伝えません。

私のサロンには、白髪染め・おしゃれ染めという区別がないのです。髪を染める一番の目的は、髪をきれいに魅せるため。そして、季節に合わせたカラーでおしゃれを楽しむためです。つまり、お客様が自分らしく輝くために、ヘアカラーがあります。

染めるたびにきれいになる。そんな自分の理想の色を探してみてください。

雰囲気がいい人は〝コアポジション〟を保っている

心身共に軸がしっかりしている

ここまで雰囲気がいい人たちについて、いろんな角度からお話ししてきました。

- ✦ 自分の持ち味を引き立てる装いをする
- ✦ ためらわずにありのままの自分を表現できる
- ✦ 物事や自分を客観視している
- ✦ 自分や世界を肯定している
- ✦ しっかりした価値観を持っている

✦自信を持って理想を生きている

このような、雰囲気がいい人たちのありようを整理すると「自分の軸がしっかりしている人」と言うことができるでしょう。

心身は深く関連しているので、自分の「心の軸」を持つ人たちは、体の軸もしっかりしています。**「体の中心軸＝コア」が、空から地面に対して垂直に降りているイメージ**です。重心が体の真ん中にあり、安定しています。

この状態を、私は**〝コアポジション〟**と呼んでいます。

コアポジションは、体がニュートラルで一番無理のない状態です。胸が自然に開いて肩が自然に降りています。体のどこにも無駄な力が入っていません。

ほとんどの人は、コアがどこかに傾いています。

人間はコアが傾いても倒れないように、無意識に体全体でバランスを取ろうとします。それは、あちこちねじれたりゆがんだりした不自然な状態です。

傾いたコアを支えるために、体の至るところに力を入れていたら、すごく疲れます。

常に歯を食いしばって生きているようなものです。そんなコンディションでも「私は平気」と必死で頑張っていたら、なんだか痛々しくて、周りの人は近寄りがたくなってしまうのではないでしょうか。

コアポジションが崩れると、大抵「はじめに」でお話した「肩が内側に入った」ような姿勢になります。

これは、自信がない心理の表れだと考えています。コンプレックスに意識が向いていて、この状態になっている人がとても多いのです。

でも、体をコアポジションに戻すと精神的にも安定していきます。

コアが整うと「健康的」に見えるようになる

「雰囲気がいい人」のもう一つの共通点は、活力を感じさせることです。

✦ 髪がつややかで、コシがある
✦ 潤いのあるきれいな肌をしていて、表情が豊か

✦ 声にもツヤがあって力強く、前向きな言葉を使って話す
✦ 身のこなしがなめらかで、疲れを感じさせない

こうした髪や肌、表情、声などが合わさって、**〝フレーム〟全体からあふれる生き生きとしたエネルギーは、〝コアポジション〟がもたらす〝美の連鎖〟**と言えます。

〝美の連鎖〟とコアポジションの整え方は、Chapter4で詳しくお伝えしますね。

エネルギーに満ちた「健康的な美しさ」は相手に安心感を与え、居心地のよい雰囲気につながります。

健やかな心が健康美を生む

私は仕事を通して、健康美を持つお客様のある傾向に気づきました。

みなさん、サロンがお勧めするこだわりのヘアケア製品を使っているのです。

「高品質の製品を使っていたら、髪が美しいのは当然」と思われるかもしれません。

でも実は、髪がきれいな人ほど、美容師がお勧めする商品を積極的に手にされます。

よく知らない商品の購入を勧められたら、どうでしょう？　一度は断るのではないでしょうか。インターネットで調べて、他の製品と比較検討したり、より安く買えるショップを探したりする方は多いと思います。

でも、健康美がある方たちの多くは少し違うんです。

まず「どうしてこれが私に合っているの？」と聞きます。「どこが良いの？」という善悪の二元論ではない、自分軸の質問です。

そして、説明に納得できれば「あなたが勧めるなら使ってみる！」と、即決。

きっと、人の言葉を正面から受けとめられる柔軟さや、人を信じる素直さをお持ちなのだと思います。私は、そんなお客様の心の健やかさにいつも心を動かされます。

そうして、そのお客様の健康美にはさらに磨きがかかっていきます。

雰囲気がいい人は心と体の「バランス」が取れている

体のバランスの崩れは印象に影響する

身体的にも精神的にもバランスが取れている人は、いい雰囲気を醸し出します。

では、なぜ体と心のバランスが雰囲気に関係するのでしょうか？


ちょっと実験してみましょう。

その場に立って、片足に重心を乗せてみてください。

なんとなく体が斜めになり、どちらかの肩が前に出るような体勢になりますね。顎がつき出されるか、もしくは極端に引くような感じになって、目線もまっすぐになりません。

そのような姿勢の人と会ったら、どことなく「だるいなぁ」と思われているような、避けられているような印象を受けませんか？


今度は椅子に腰かけてみましょう。

座って重心を後ろにずらしてみてください。骨盤が傾いて背中が丸まりませんか？ そうなると、肩がすくんで気持ちが沈んでいるように見えます。反対に、前に重心が乗りすぎると、なんだか身を乗り出しているようになります。そんな姿勢で正面に座られたら、圧迫感を感じるのではないでしょうか。

〝コアポジション〟なら、こういったことは起こりません。

体のバランスを取る重心の位置は、見た目に大きく影響を与えることを知っておいてください。

微妙な雰囲気の正体は心のアンバランス

体だけでなく、心のバランスが取れていることも、いい雰囲気につながります。

意識は思考と感情で成り立っています。

この**二つのバランスが崩れると、「不自由」な状態になります。**感情に偏ると、理論を無視して冷静な判断ができなくなってしまいますよね。逆に思考に偏ると、理屈っぽくなり、相手を思いやってコミュニケーションすることは難しいでしょう。

そのように、心のアンバランスに気づけば、雰囲気がいい人にグッと近づきます。

- 欠点ばかり見ていた視線の偏りに気づいて、〝フレーム〟を見る
- 自分のことばかり考えていた意識の偏りに気づいて、周りの人のことも考える
- 「こうあるべき」という行動の偏りに気づいて、「自分がやりたいこと」に従って動く

✦自分を否定していた自己評価の偏りに気づいて、自分を肯定してみる

ここまでにお話ししてきた微妙な雰囲気の原因は、心のバランスの乱れだったことがわかりますね。

私は、心のバランスが整っているということは「未来に向かってまっすぐに立っている」ということだと思っています。

過去にクヨクヨ悩み、こだわって後ろに引っ張られることなく、未来の大きすぎる目標に向かって、前につんのめることもない状態です。心が偏りなくまっすぐになっていれば、体も自然にまっすぐになるでしょう。

心も体も適度にケアする

他にも、生活の中で、心と体のバランスに関わることはたくさんあります。ストレスなどから食べすぎや食欲不振につながり、栄養のバランスも崩れて、体型などに変化が表れてくるかもしれません。

時間やお金の使い方が偏れば、働きすぎや睡眠不足、怠惰な生活に陥ってしまう危険性もあります。

何事も行きすぎて無理がたたると、健康的な生活に支障を来たしてしまうでしょう。

このようなことには、ホルモンバランスや自律神経の乱れ、免疫力の低下など身体的な働きも関わってきます。

体と心はリンクしていて、お互いのバランスに影響を与えます。どちらかをおろそかにしたりせず、心身のバランスをうまく取っていくことも大切です。

心も体も意識して整えることができます。意識を変えることで、好ましい印象や雰囲気を作ることができます。

では、次のChapterから心を整理し、〝コアポジション〟を整えて、あなたなりのいい雰囲気をデザインしていきましょう。

私たちが“ポイント”にばかり注目し、コンプレックスを感じてしまうのは、なぜなのでしょうか。
どうしたら、コンプレックスから解放されるのでしょうか。
コンプレックスを感じているとしたら、まず何に感じているのか、どうして感じているのかを知らなくてはなりません。
このChapterでは、あなたの心の奥を覗いてみましょう。何があなたの心の重しになっているのか、探ってみてください。

Chapter 2

コンプレックスから心の中を眺めてみる

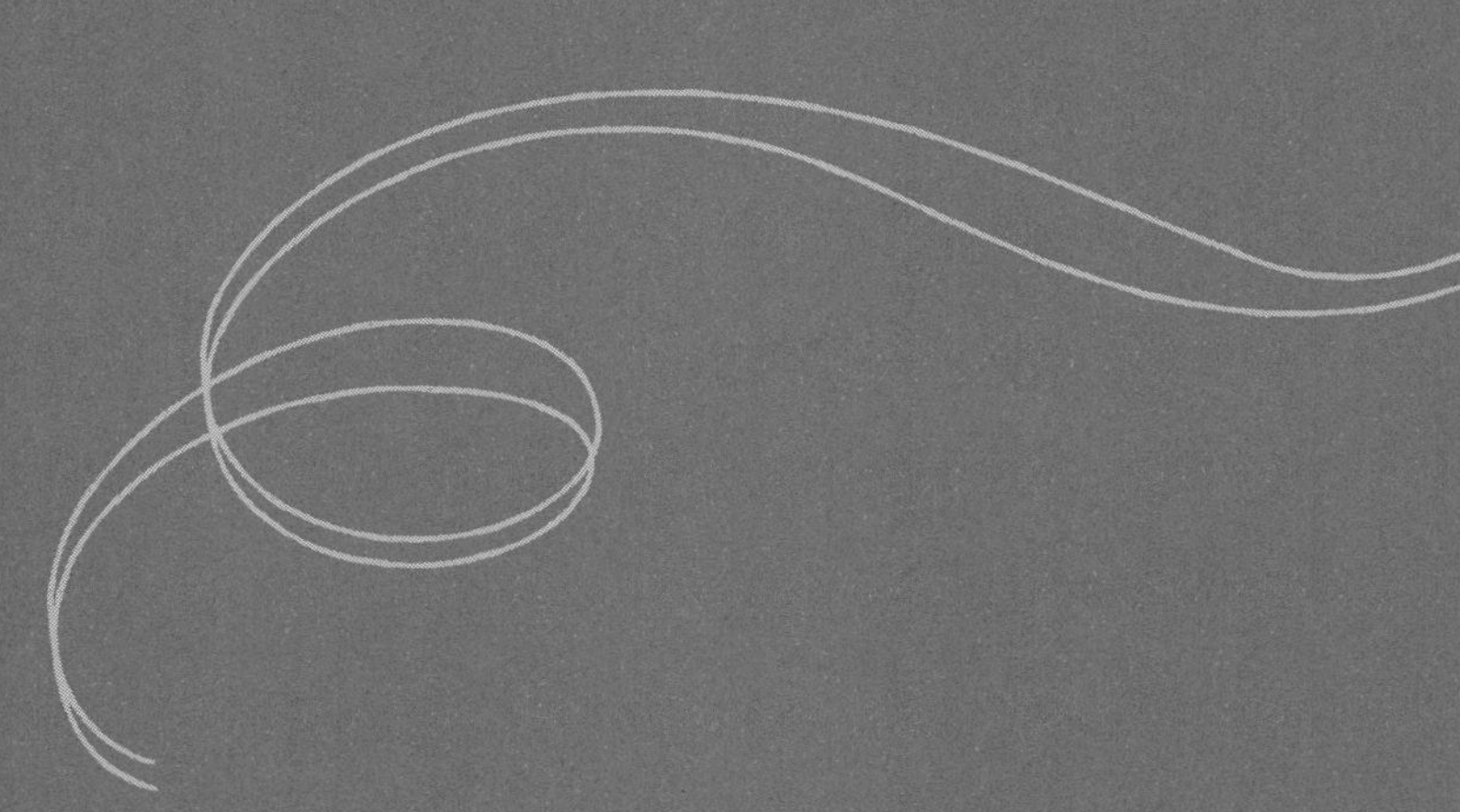

自己肯定感を自己分析

Test

テスト①

突然ですが、想像してみてください。

あなたは山を登っています。一生懸命に登っています。その山の名前は「パーフェクトな私」。登っていくにつれて理想の自分に近づき、頂上に着いたら、完璧な自分になることができます。

さて、今あなたはどの辺りにいますか？　10秒間、目を閉じて想像してみましょう。

テスト②
では、「今この辺りにいる」と思った理由は何ですか？

自分を肯定できていますか？

「中腹あたり」「7割くらい」「まだ全然山頂が見えない！」などなど。こんなふうに、自分の心がなんとなく見えたのではないかと思います。

チェック①は「現在の自分」と「理想の自分」の間の距離感を知る目安になるでしょう。

さて、重要なのはチェック②です。

これは、その位置にいる自分をどんなふうに捉えているのかがわかります。
例えば、AさんとBさんが同じく「山を半分くらい登った」と想像したとします。
でも、その理由によって、二人の心のありようは違うと考えられます。

Aさん「結構頑張って、半分くらいはパーフェクトに近づいてきたから」

Bさん「頑張ってるけど、まだまだダメ。せいぜい半分くらいしか到達できていない」

評価が辛口であるほど、とりわけ「〜ない」という言葉が入るほど、自分を否定する感覚が強そうです。Bさんは、自分をあまり肯定できていない可能性があります。

これは、できていない〝ポイント〟に目が向いている状態です。

Bさんは、80％の時点でも「まだ20％くらいできていないことがある」と、足りない自分を見つめ続けてしまいそうです。Aさんは、30％の段階でも「登り始めて間もないけど、ここまで到達できた」と、自分にOKを出していたのではないでしょうか。

やっぱり、Aさんの方がより自己肯定感が高そうですよね。

あなたはどちらのタイプだったでしょうか？

お客様を見ていてよく感じます。みなさん、きれいになろうと一生懸命努力していますよね。今のあなたは、過去最高のあなたです。素晴らしいです！

それなのに、「まだまだ」と思うのは、**自分を肯定してあげられずにコンプレックスばかりに目が向いているから**です。

自分が否定しなければ「コンプレックス、あるよね。でもこれも私。全部含めてOK！」と達観できますよ。Chapter1で紹介したケイティ・ペリーのマインドですね。

自分を肯定できれば自分を好きになれます。人生がパワフルになる一番の秘訣です。

自己肯定感を上げるきっかけを作る

「そんな急に自己肯定感なんて上がらないよ」と思うかもしれません。確かに、何かきっかけが必要ですよね。

そんなとき、**髪があなたを救ってくれます**。

まず、人から褒められると「私のままでいいんだ」と思えます。褒められる経験は、自己肯定感を上げる大きなきっかけになります。

一般に、顔や体型、声などを褒められるのは特別なことではないでしょうか。それらは持って生まれたもの。そのままの自分を褒められたと感じられるからだと思います。髪も、目や鼻や口、手足などと同じく、生まれたときからあなたに備わったものです。だから、髪を褒められると、褒められたことを強く実感できます。

そして、髪は顔や体などと大きく違う点があります。傷みを感じることなく切ったりして手を加え、変えることができるのです。

印象にもかなり影響しますから、何かしら変化を加えたら、きっと気づいてくれる人が現れます。

自己肯定感を上げたいと思ったら、ヘアケアに力を入れ、ヘアスタイルも変えてみてください。

ジャッジ度を自己分析

Test

テスト③

次の（1）～（10）で、自分に当てはまるものに（　）内へ丸をつけてください。

（1）人を見てうらやましいと思うことがよくある（　）
（2）車がいなくても信号が赤なら絶対に道を渡らない（　）
（3）ライバルがいる方が燃えるタイプだ（　）
（4）何か注意されたら「何がいけなかったのか」と考える（　）
（5）誰かが褒められるのを聞くと、なんだか悔しい（　）
（6）美術展に行ったら、評価の高い有名な作品以外はそれほど見ない（　）
（7）知り合いの出身校の偏差値や給料が気になる（　）

（8）新しい環境に入ったら、まずルールを確認する（　）
（9）SNSをチェックする時間が長い方だ（　）
（10）好きだった人が、一つのきっかけで大嫌いになったことがある（　）

比べて評価していませんか？

これは、項目によってジャッジの傾向が見えてきます。

奇数は周りの人と自分を比較する傾向、偶数は物事を良し悪しで考える傾向を見る項目です。丸がついた数が多いほど、その傾向が強いかもしれません。

また、奇数の項目と偶数の項目のどちらもほとんど丸がついた場合、コンプレックスを強く感じやすいと思われます。

「自分はあの人よりもかわいくない」とか「あの人のスキルは私より評価が高くてうらやましい」、「自分の成績は、平均値より下だから恥ずかしい」……。そんなふうにいつも自分を品定めしていると、ストレスは大きいと思います。

他者や世間の評価と比べ、周りを気にしてドキドキ。世の中とずれていないかソワソワ。「他の人と比べて自分はどう?」と、競争の連続で心が休まらないでしょう。

さらに、物事の○か×かを決めがちなら、ストレスはぐんと上がります。

「自分は優れているから良い」と判断できている間は問題ないのかもしれませんが、一度「人より劣っている。だから自分はダメだ」と感じると、深いコンプレックスとして心に刻まれてしまうでしょう。「自分の方がいい」と感じられる相手を探し、「やっぱり自分の方がダメ」と思ったら劣等感にさいなまれる……とても息苦しい状況です。

そもそも、人と比べる必要ってあるのでしょうか。私はないと思います。

それに、**倫理的な善悪は別ですが、あらゆる物事には絶対的な良し悪しも、正解も不正解も存在しない**と思うんです。

例えば、Chapter1で「〝自己表現〟が上手な方は、言葉の使い方も上手」と言いました。このお話をすると、「じゃあ、どんな言葉を使えばいいんですか?」という質問が出てくることがあります。でも、私の返事は「人それぞれです」。

だって、人によって、表現したい自分は違います。その人らしさも違います。ですから、一般的な「使うといい言葉」はありません。

「あっちよりこっちの方がいい」と、比較対象を作り出さないことが最も大切です。

私も自己肯定感が低かった頃、良し悪しの二元論で捉えていたのだと思います。

経営者という立場上、スタッフに注意喚起が必要なこともあります。そういった場面で、以前は「(僕のやり方と比べて)それはダメ」「(一般的なやり方よりも)あなたのやり方はよくない」と、「ダメ出し」をしていました。

でも、今は「足りない、できていない」というふうに見なくなりました。自分とはやり方が違うだけ。気になることがあれば「どうしてそうするのか」を聞きます。納得のいく理由であれば「素晴らしい!」です。

生産性や効率を考えて思うところがあれば、「僕の経験上、こうした方がうまくいくよ」とアドバイスしています。その結果、スタッフとの人間関係も円滑になりました。

共通点を探す

人と違うところより、共通点を探す方に意識をシフトしてみたらどうでしょう。**共通点探しは、人を好きになるコツ**なのだそうです。これまでライバル視してきた人たちを仲間だと思えるようになったら、楽しいですよね。

周りと自分の長所を発見することが、居心地のよさを生み出すチャンスになるはずです。

視線を自己分析

Test

テスト④

次のページの二つの絵を10秒間眺めてください。それから、本を閉じて、二つの絵で違ったところを書き出してください。※印刷の汚れなどは含みません

テスト④

〝ポイント〟ばかり気にしていませんか？

二つの絵の違うところは、①額縁、②背景、③体の角度、④表情、⑤イヤリング、⑥唇の色、⑦まつげ、の七つでした。

全部見つけられなかった場合も、気にしないでください。

ここで、先ほど違いを書き出したメモを見てみましょう。書き出した違いの上に、それぞれ番号を振ってみてください。

実は①～⑦の要素は、小さい番号から〝フレーム〟→〝ポイント〟になっています。「全体像で眺めてキャッチできる部分」→「注意しないと見えてこない部分」の順番に並んでいます。

小さい番号のものを先に、多く見つけた方は、物事や人を大きな枠で捉える傾向が強いのかもしれません。逆に、大きな番号のものを早く、多く見つけた方は、ポイントに注目する傾向があるのではないでしょうか。

また、特別な思い入れがある部分だからすぐに気づいたということもあり得ます。

見つけたものの全体像からも、自分はどこに目が向きやすいかがわかるでしょう。

実際のご自身と重ねてみると、どうでしょうか？


「多少寝グセがついていても気にならないけど、服のコーデは完璧にしたい」

「仕事で、よくケアレスミスして、細かく見るように注意されがち」

「人のメイクやヘアスタイルの小さな変化にいち早く気づいて驚かれる」


ポイントに注目するタイプの方は、自分を見るときにもポイントを見ているのではないでしょうか。テスト③の「ジャッジ度」が高ければ、コンプレックスに縛られてしまう恐れもあるので、注意してくださいね。

Chapter1でお伝えした通り、自分がどんなに目や口などのポイントを気にしていたとしても、他人はそれほど細かいところを見ていません。

そうは言っても「私は人を見るとき、そこに目がいく。別に普通じゃないの？」と思う人もいるでしょう。

確かに、他にも細かいところをよく見ている人はいるかもしれません。

ただ、あなたはどうしてその部分に注目しているのでしょうか。それは、毎日そのことを考えているからではないでしょうか。「あの人の鼻、私より高くてかっこいい。でも、口は私の方が小さめで女らしい」そんなふうに。

「外から見える自分」に視点を移す

自分がポイントに注目しがちなタイプだと感じた方は「〝フレーム〟で見えている自分」にアンテナを張ってみてください。

「今、自分の表情や髪、声、姿勢はどんなフレームを作り出しているかな?」と、客観視します。そして、**「このフレームは、相手にどんな印象を与えるだろうか」と振り返ってみましょう**。

自分が思っている以上に、人はフレームで見られていることを思い出してください。

トラウマを自己分析

Test

テスト⑤

あなたが、「なくなったら困る!」と思っている、一番大切なことは何ですか?

絞れなければ、三つまで挙げてみてください。

自分に価値がないと思っていませんか？

誰にでも大切なことはあると思います。それらは、人生の活力になるでしょう。ただ、**大切にしすぎると、人生をマイナスの意味で「支配」する可能性もあります**。

あなたが挙げた大切なことは「失ったら怖いこと」、もっと言うと「自分にはそれがないと価値がないと思っていること」になっていないでしょうか。

それらが、自己肯定感の低さや、コンプレックスに紐づいているかもしれません。

例えば「美が一番大切！」と思っているとします。でも、それが「美しくなくなった自分は価値がない」というコンプレックスの裏返しで、実は「これしか取り得がないから」という気持ちで毎日の手入れにいそしんでいる。もしそうなら、美容は恐怖感に追い立てられて行う、楽しくないことになってしまうでしょう。

それは、ちょっとつらいことだと思います。

大切なことが、コンプレックスのもとになっていないか。振り返ってみましょう。

Test

テスト⑥

あなたが「苦手」だと思うことは何でしょうか。「嫌い」と思うものとは、別のものです。

直感で思い浮かべてみてください。いくつかあってもOKです。

過去に囚われていませんか？

こちらも、さまざまなものが出てくると思います。

実は、何が苦手かはあまり重要ではありません。それよりも、そう思うようになった「体験」があることに気づいてほしいのです。

例えば、ときどき「美容室が苦手だから、髪を何年も切っていない」といった方とお会いします。お話を伺うと、髪を切ることが嫌なわけではないことも多いのです。「美容師と会話しないといけないのが嫌」とか、髪とは別の理由も出てきます。

ある方は、多感な時期に、美容室であまり話したくないことを聞かれたそうです。もともと物静かなタイプの方で、話題をうまくそらすこともできず、正直に話すしかなかった。それがトラウマになり、美容室にあまり行かなくなったと言います。嫌な体験があって、美容室に苦手意識を持ってしまったのです。

さらに、その方は以来「口下手」がコンプレックスになったと言います。

コンプレックスは、体験と記憶がこじれた状態です。

口数が少ないこと自体は、問題ではありません。それなのに「答えないと相手が納得しなかった」という体験から「うまく話せないのはダメなこと」と記憶され、素敵な個性がコンプレックスになってしまったのです。

コンプレックスが気になるのは、過去の記憶に囚われているから。つまり「過去に操られている状態」です。

例えば、好きな友人と会って、一緒にいて嫌なわけではないのに、話に集中できない。なんだか楽しく話せないまま、その時間は終わってしまった……。

そのとき、あなたの心は「今、ここ」になかったのかもしれません。

誰かの恋愛がうまくいっている話を聞くと「それに比べてダメな自分」というコンプレックスを感じて、気持ちが沈んでしまうこともあると思います。これは、「過去のダメだった（と思っている）自分」に気を取られています。

他に、重荷に感じている仕事が頭を離れなくて落ち着かず、楽しめないということもあるでしょう。多くの人は失敗を経験して「また、失敗したら」という恐れから緊張するようになります。この場合、仕事にコンプレックスがあって「失敗した自分」という過去の記憶に操られていると言えるでしょう。

過去を切り離して今を生きる

もし、苦手なものやコンプレックスを感じたら、そのきっかけを発掘して、今と切り離しましょう。**記憶は消せませんが、過去は過去**です。

過去に操られず、今、目の前のことに集中した方が、恋愛も仕事もきっとうまくいきます。

そして、そのままの自分を大切に、自信を持って生きることができるでしょう。

心のガードの高さを自己分析

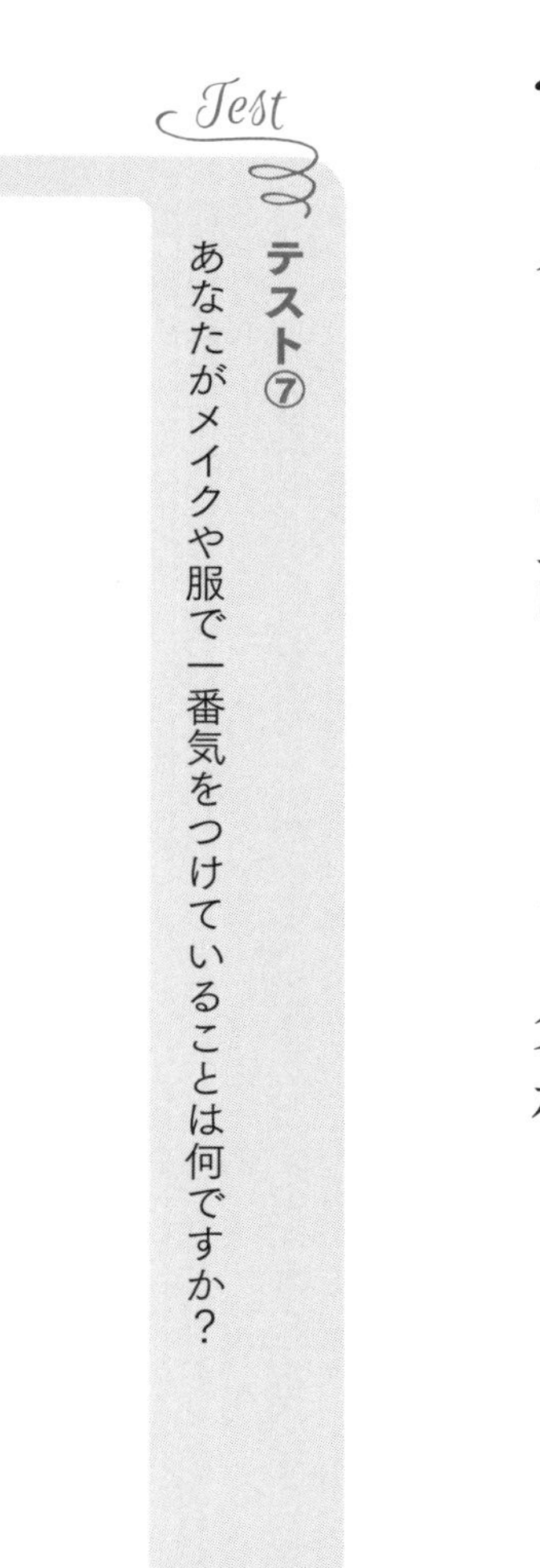

隠そうとしていませんか？

この質問では、あなたの心のガードの高さをチェックしました。

「カバー力のある下地に、ファンデーションとコンシーラーで徹底的にシミを消す！」

「お尻が大きいのをごまかすために、タイトパンツははかない」

こうした発想は典型的な「欠点隠し」です。

メイクで言えば、「スキンケア」に力を入れるのは、シミなどの問題を根本的に解決しようとしているので、対症療法的な「隠すメイク」とは違って前向きな考えだと思います。

欠点をコンプレックスに感じて隠し、徹底的に他人の目からガード。「見つかっていないだろうか」といつも心配していたら、緊張して不自然な状態になってしまいます。

薄毛の男性の場合、頭髪そのものを増やす治療は、スキンケアに当たります。でも、髪が薄い部分を隠そうとして、透けた地肌をごまかすために黒いパウダーをかける方もいます。髪が薄い部分を、別の部分に生えた髪で完全に覆う方もいます。それで不自然になっていても、隠すのがやめられない。

「汗でパウダーが流れ落ちたら大変」「風で髪型が崩れていないだろうか」。そんなふうに心配が絶えません。ソワソワして、振る舞いもぎこちなくなると思います。

無理に頭皮を隠そうとせず、今ある髪を活かしてスタイリングする方が、ずっといい雰囲気になると、美容師として断言できます。海外の俳優さんは、歳を経て髪が薄くなってから、雰囲気にどんどん深みのある味が出てくる方が多いですよね。年齢を受け入れ、経験を重ねた自分をさらけ出すことで、人間性の成熟を感じさせます。

コンプレックスを隠そうとする心は、次のような負のスパイラルを招きます。

印象を良くしようとして、自分が「悪い」と思う部分を隠し、「良い」と思う方向へ近づける→本来の自分ではなくなり、不自然でよそよそしく落ち着かない雰囲気になる→認めてもらいたくて、もっと取り繕う→「この自分じゃダメだ。もっと変えなきゃ。隠さなきゃ」と閉鎖的になる。

私自身、独立前の若い頃は隠すことに必死でした。

お話ししたように、私は厳しい父の言葉で自信を失っていました。それを隠そうとして、仕事に打ち込んだんです。

ポジションが上がれば自信につながりましたが、ワンマンプレーで突き進んでいくうち、役職を任された時点で、行き詰まりました。チームで成果が挙げられず、仕事ですら結果が出せなくなってしまったのです。「結果が出せないダメな自分」のことばかり考え、周りも見えず、人を信じられず、精神的に消耗していきました。

どん底まで落ちた頃、ある本に「毎日を好転させるためには、親に感謝を伝えること」というアドバイスを見つけました。

それまでの私は、ダメな自分を見せまいとガードを固め、父に負けていないぞと虚勢を張っていました。反発することでやっと立っていましたから、その父に「ありがとう」なんて口に出すことはできなかった。

でも、ギリギリまで追い詰められ、弱みをさらすようで言えなかった「ありがとう」という本心を言葉にしました。すると、大げさでなく、世界の見え方が変わりました。自分の弱いところを少し受け入れることができたのです。

そして、人の弱さも受け入れられるようになりました。

前日まで、「見るとテンションが下がる」と感じていた電車の中の疲れたサラリーマンの姿が「みんな頑張っているんだな」と見えるようになり、「あんなに頑張っている人たちに、自分も何かできることはないか」と考えるほどになったのです。

心のガードを少し下げたら、負のスパイラルから一歩抜け出すことができました。

何でも楽しむマインドを持つ

もしコンプレックスを隠そうとする意識が強いことに気づいたら、「楽しむ」気持ちを持ってください。身近なヘアメイクなどを手始めに、楽しむ方向へシフトチェンジしてみましょう。

やりたいように自由に！ メイクもファッションも、ヘアデザインも、芸術です。自分という素材を隠さずにさらけだして、美しさを表現しましょう。

思い込みを自己分析

Test

テスト⑧

①～⑦のテストを通して「コンプレックス」だと気づいたことと、それが生まれた理由は何でしょうか？　経験などから紐解いてみてください。

本当に「ダメ」なのでしょうか？

コンプレックスは、必ず人との関わりから生まれます。ですから、答えは大きく二つに分けられると思います。

A　誰かがそう言ったから

B　誰かと比べたらそうだから

ここで、AとBについて、じっくり検証してみましょう。

まずAについては、その誰かが一度会っただけの人ということもあれば、身近な人や大切な存在だということもあるでしょう。近しい人の場合、その言葉を重く受けとめてしまうことはわかります。

でも、本当に、その人が言ったことは事実ですか？

例えば、飲み会で初めて会った人から「手、でかっ！」と言われて、大きい手がコンプレックスになってしまったとします。いきなり人の体の特徴について何か言うなんて失礼すぎます。すごくショックですよね。

ただ、ちょっと冷静に考えてみましょう。確かに、マイナスのニュアンスで言われると、それが悪いことだと思い込んでしまうかもしれません。でも、そもそも「大きい手＝ダメ」ではありませんよね。その人の好みではなかったというだけのことです。

自分の「印象」についてコンプレックスを感じている方は、特にこうした出来事からくる思い込みによるものが多いと思います。

「強そうに見えるのが嫌」という方は「強そう」という印象をマイナスのニュアンスで伝えられたのでしょう。それで「強そう＝ダメ」になってしまったんですね。

ここで「本当にダメかな？　本当に嫌いかな？」と問いかけてみてください。

本当に「ダメ」なことはないと思います。でも、その印象が本当に嫌なら、Chapter3で「本当に見せたい自分」を見つけましょう。

また、「みんなが言うから」という声も聞こえてきそうです。

本当に、周りの人「全員」が言いましたか？　そう言わない人もいるはずですよ。

お客様には「ショートヘアは似合わないから、しない」と言う方がいます。理由を聞くと、ほとんどの方が「似合わないって言われた」と答えます。

でも、それは「そのときのショートヘアがたまたま似合わなかっただけ」です。美容師の目線で言うと「そのスタイルが、誰かの尺度から見て、たまたまあなたに似合って見えなかっただけ」です。

価値観のものさしを他人に渡してしまうのは、もったいないことです。

Bも、誰と比べているかで大きく変わります。

あなたは誰と比べて、ダメだと思っているのでしょうか。正反対のタイプの方や、その点においてずば抜けた方と比べていませんか。

顔立ちについて、飛び抜けて美人の女優さんと比べるのは「世界記録保持者と比べて、自分は走るのが遅い」と嘆くようなものです。

もちろん、走る速さは測れますが、「美人」は計測できません。身近にきれいな人がたくさんいれば、美の基準値は跳ね上がるでしょう。実は、あなたが自身と比べているその女優さんは、自分の顔がコンプレックスで「自分は不美人」と思っているかもしれません。

美しさと同じように「大きい／小さい」「太い／細い」といった意識も、とても曖昧なものです。

ある人は「お姉ちゃんは顔が小さい」とお母さんが言うので、自分の顔は大きいのだと思っていたそうです。でも、あるときよく周りを見たら、平均的に自分は顔が小さい方だったことに気づいたと話していました。

ものの見方はさまざまです。「これが最高」、あるいは「こちらの方がいい」という絶対的な「正解」はありません。もし、そのような強い基準を持ち、「そうでないから劣っている」と感じていたら、思い込みかもしれません。

一番大切なことは、比較する対象を置かないことです。あなたはあなたです。

子どもの心を思い出す

幼い子どもは、自分を１００％表現しています。即興の歌を歌ったり、大好きな服ばかり着たり、「お母さん大好き！」と力いっぱい言葉にしたり、とても自由です。

でも、大きくなるにつれて、それをしなくなっていきます。誰かに笑われたとか、周りの人はしていないからとか。「他者」に影響されてできなくなっていくのです。

もちろん、社会性は大切です。でも、社会や周りに合わせて、〝自己表現〟を失ってしまったら、とても生きづらいでしょう。

他人や世の中に惑わされて自由を失っていると感じたら、**無邪気に振る舞う幼い子どもを観察**してみたらいかがでしょうか。自分の子ども時代も思い出してみてください。他者からの影響や思い込みが見えてくるでしょう。

力み度を自己分析

Test

テスト⑨

ご自身の体の状態を観察してみましょう。
どこかつっぱりを感じるところはありませんか？
凝りや痛みはありませんか？

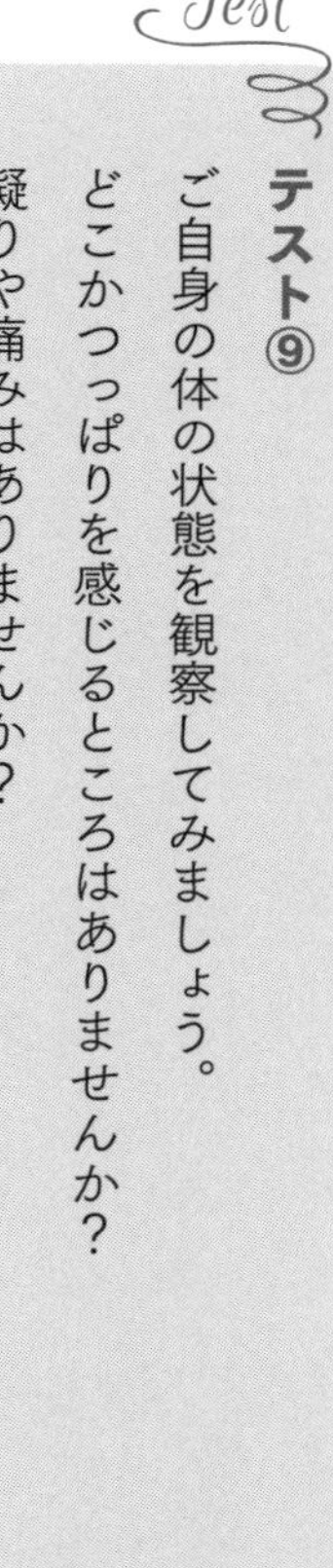

体に力が入っていませんか？

私たち現代人のほとんどは、体のどこかに緊張があります。

「はじめに」で、お悩みが根深い方は、頭が「硬い」とお伝えしました。

これは「筋膜」が癒着した状態です。詳しくはChapter5でお話ししますが、体をある一定の形で長時間キープしていると、筋肉を覆う膜がある種の化学反応を起こし、くっついてしまうのだそうです。


人間の頭部はとても重く、首の上にボウリングの玉を乗せて歩いているようなものだと言います。〝コアポジション〟で立てていれば、頭の重さを首から背骨……両足へと分散できるので、一部へ過剰に負担がかかることはありません。

ところが、コアが傾くと、首から頭をぶら下げているような形になります。他の部分でバランスを取ったとしても、首に相当な負荷がかかるのです。そのため、首から緊張が始まって、その影響が全身に広がっていきます。

これも既にお話ししましたが、コンプレックスに意識が向くと体が内側に入って、コアポジションが崩れます。

私自身、長い間、ひどい肩こりに悩まされ、鎮痛剤が手放せないほどの頭痛持ちでした。これは、コンプレックス由来の姿勢で筋膜が癒着していた典型的な症状です。**体の緊張は、どれだけコンプレックスを感じているか、一つのバロメーターになります**。どこかにつっぱり感や凝りがあったら、要注意です。

また、お客様と接していて、もう一つ気づいたことがあります。

世間話の中で、よくご家族の話が出ます。そのとき、パートナーへの不満や、思春期のお子さんとのコミュニケーションの難しさなどを話し始めると、体にグッと力が入るのです。

特に「私はこうだから」と譲れなかったり、「相手のことがわからない」と相手が見えなかったりする状態のときはとても力んでいるようです。

意識が自分の気持ちばかりに向いて、体が内側に入り、周りが見えなくなっています。心が「頑な（かたくな）」になっているとき、体も頑として硬くなります。

同じように、コンプレックスを感じるときも体に力が入ります。簡単に言うと、人よりダメな自分を感じて「ムカつく」反応です。脱力して怒ることはなかなかできないと思います。一瞬でも「ムカッ」が起こると、無意識に体に緊張が走るんです。

まずは体の緊張に気づく

ひどい肩こりが起こっているのに、気づいていない方もいらっしゃいます。慢性化すると、それが当たり前になって、わからなくなってしまうことがあります。

まずは**体のコンディションを気にかけて、現状を認識する**ことから始めましょう。「硬いところがいっぱいある」「気づくと力が入っている」と思った方も、安心してください。Chapter4 以降でほぐしていきます。

〝呪い〟を自己分析

Test

テスト⑩

自分の中で、口癖のようになっている言葉や心の中でよくつぶやいている言葉を思い出してみてください。それはどんな言葉ですか？　また、それはいつからどうして言うようになったのでしょうか？

自分を許してみませんか？

私は長い間、父に対して素直に自分を表現できずに、自分を否定し続けていました。父に「ダメだ」と言われる自分が許せず、必死で頑張る毎日。それでも認めてもらえない。コンプレックスでがんじがらめになり、心身の不調を感じました。

父に「ありがとう」を言えた27歳のとき、少し自分を許すことはできました。でも、それだけでは足りないほど「自分はダメ」という思い込みは強かったんです。

父から言われた「お前はダメだな」を「ダメだから、頑張ろう」という励みにしていたつもりでした。でも「頑張ろう」とつぶやくたびに「俺はダメだから」が思い出され、「呪い」の言葉になってしまったのです。結果、「俺はダメだ、俺はダメだ……」と、自分で自分に呪いをかけ続けてしまいました。

でも、ようやく私もこの〝呪い〟から解き放たれました。

きっかけは、自分が親になったことでした。我が子の不幸を願う親はいません。父が私を憎んでいたはずはないと確信しました。美容師になる夢をサポートしてくれた父です。実際私は苦しんでいましたが、父が私をつぶそうとするはずはありません。どうしても本心を知りたくて、40歳目前にしてとうとう「どうして俺に『お前はダメだ』ってあんなに言ったの？」と聞いてみました。

すると、父は「それは、お前が俺の唯一の息子だからな。親としては心配だ」と答えました。

そのとき、私は「多少転んでもいいけど、崖から落ちるような大失敗をしないように、本当に心配して、愛をもってこの言葉をかけ続けてくれたんだな」と思いました。「いつも自分に言い聞かせていることを、お前を自分の分身のように大切に思っているから、伝えていたんだよ」と言われたように聞こえました。

それ以来、「お前が大切だ」という言葉が、毎日頭の中でリピートされています。

それまでは父のことを考えると緊張して体が固まっていました。でも、今はいつも父が近くにいてくれるような気がして、安心感すら覚えるようになったのです。

勇気を出して向き合ってみる

あなたに何かダメ出しをして「呪い」をかけた人も、あなたを傷つけるつもりではなかったのではないでしょうか。**呪いをかけているのは、自分自身かもしれません。**

私は勇気を出して父と話したことが、転換点になりました。

「このままの自分で問題ない」と自分を肯定し、許すことができて、コンプレックスから解放されたんです。

小さな〝ポイント〟ばかり見ずに「美容の価値を上げる目標に向かう男」としての自分を認識して、積極的に表現できるようになりました。

美容の仕事の素晴らしさを広め、みなさんのお役に立てたらと、この本の執筆を決めたのも、大きな変化のうちの一つです。

今悩んでいる方々にも、勇気を出してコンプレックスに向き合い、呪いがかかった心のパンドラの箱を開けて、希望を見出してほしいと思います。

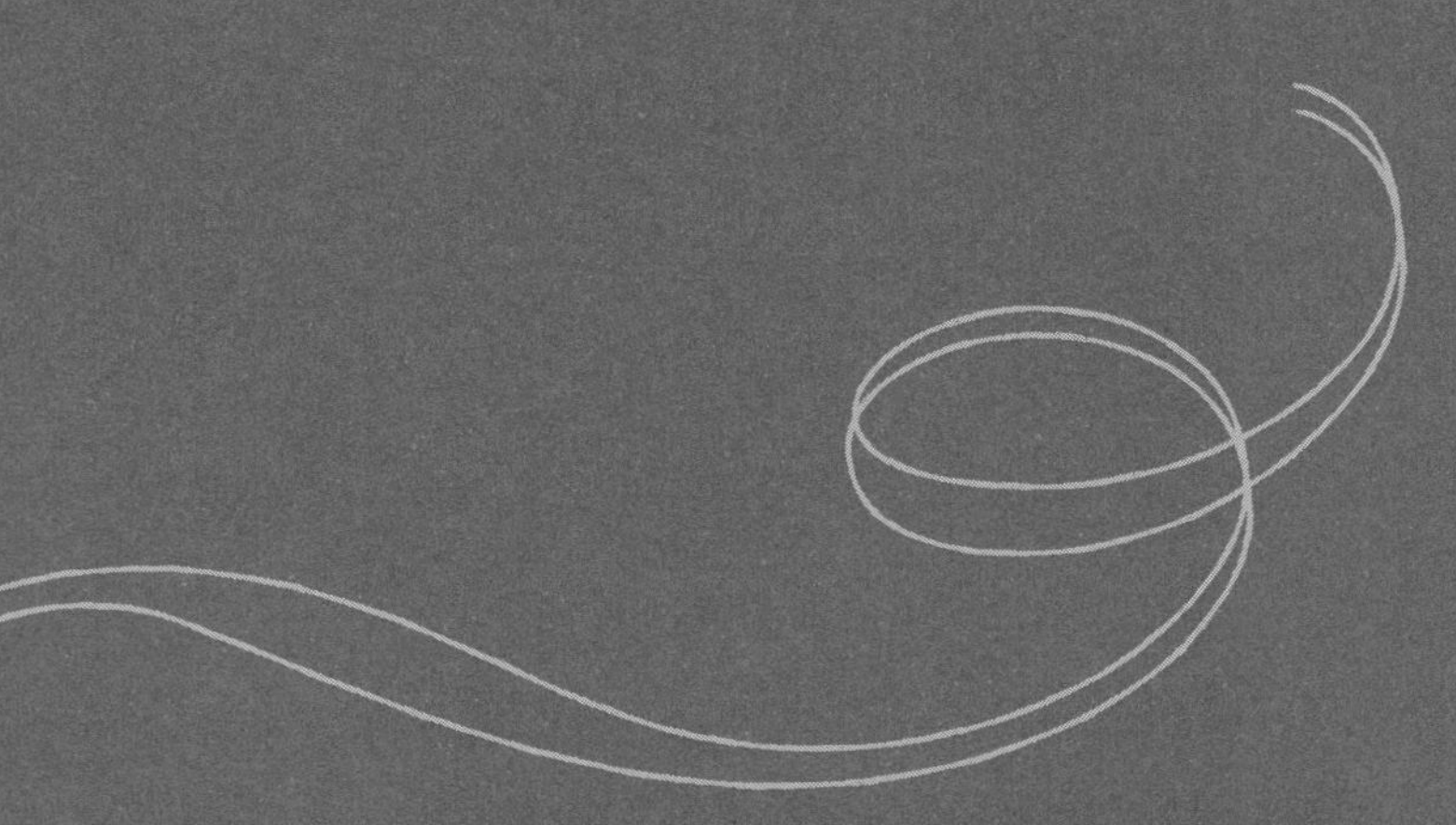

私たちが「雰囲気のよさ」を感じる人たちは、理想の自分にフォーカスして、未来に向かって進んでいる人。コンプレックスという過去から解放されて、理想という未来へ進むために、自分の設計図である「自分の理想像」を見つけましょう。
このChapterでは、さまざまなワークを通して、あなたが本当に「表現したい自分」を探していきます。前半がウォーミングアップ、後半が自分の理想像を作るためのワークになっています。
ちょっと大変ですが、楽しみながら本当の自分に出逢ってください。

Chapter 3

なりたい自分の理想像を見つける

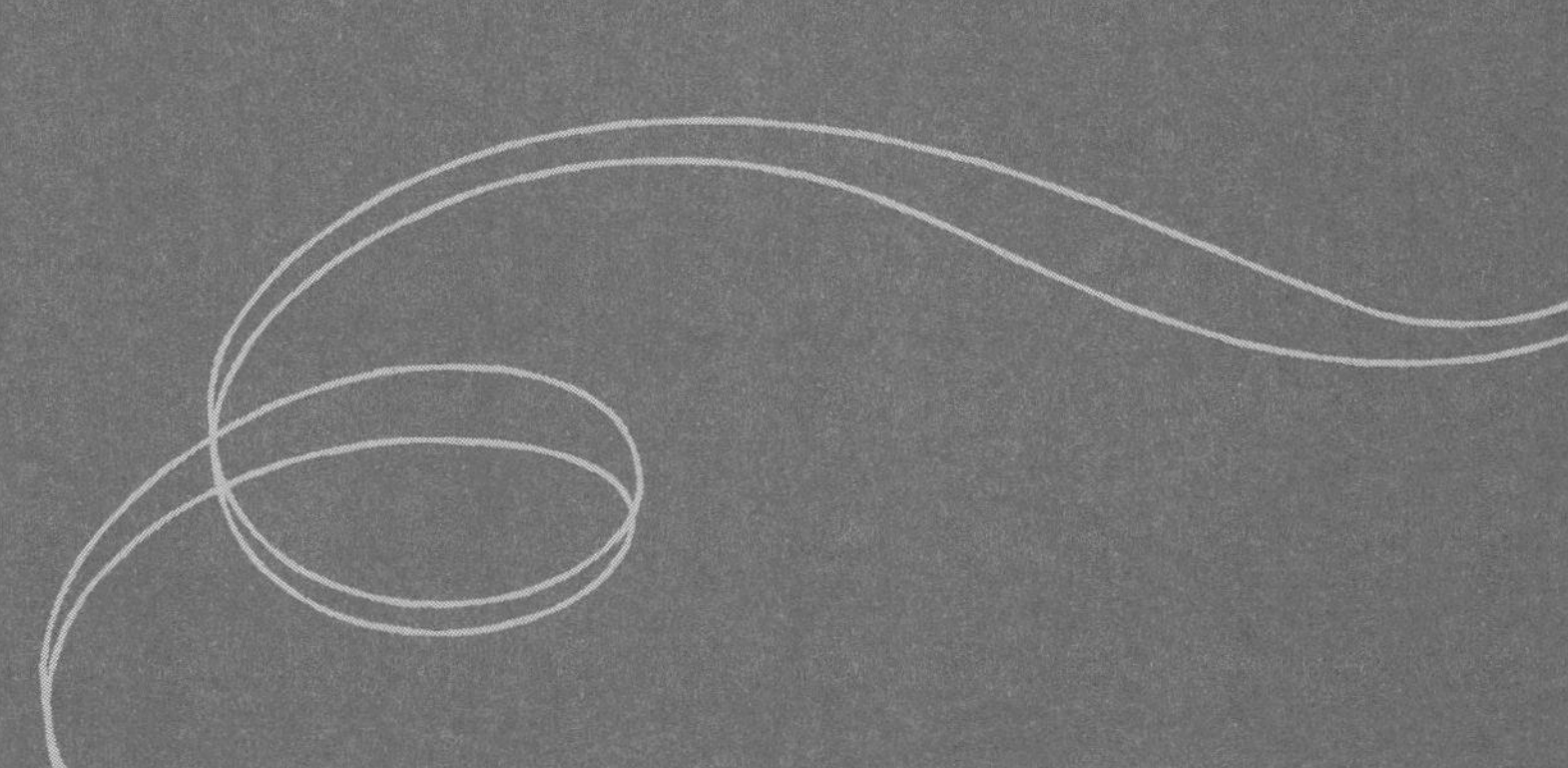

自分の理想像について考えよう

似合うヘアスタイルのキホン

ヘアスタイルは、自分の理想像や生き方の表現です。そして、髪は〝フレーム〟内で美しさや個性を演出する役割を果たします。

フルタイムで働く、二人の保育園児のお母さんが、ハイトーンのカラーリングをしたロングヘアだったら、ちょっと驚きませんか？　毎日とても慌しいはずです。美容室に長時間滞在するのは難しいでしょうし、毎日のケアが大変です。実践している人は少ないのではないでしょうか。

それでもハイトーンのロングヘアにしているのは「忙しくても美しく」という美意識や「自分の時間も大切にする」といった理想の生き方が表れていると思います。髪に手をかけないなら「髪以外のことを気にかけている（そうでありたい）」という生き方を示すことになります。野球少年たちが丸坊主にしているのは「ヘアセットに時間を費やさず、その時間は練習にかける」という覚悟の表現です。

ヘアスタイルには、さまざまな印象につながる「性質」があります。そのため「こういうキャラクターに見せたい」というセルフイメージとの間にギャップが生まれたら、「似合わない」と感じるのです。

「似合うヘアスタイル」についてよくある誤解が「この顔の輪郭にこのヘアスタイルはNG」といったステレオタイプです。

「面長にショートはNG」「丸顔にショートボブは似合わない」などのセオリーを聞いたことがありませんか？

本当は、丸顔や面長に似合うショートも似合わないショートもあります。でも、このステレオタイプを信じて、髪の長さやシルエットだけで、間違った「似合うヘアスタイル」をオーダーしてしまう方が多いのです。
ヘアスタイルの「似合う」「似合わない」を決めるのは次の三つの要素です。

① 自分の理想像にフィットするか
② ライフスタイルにフィットするか
③ 髪質や輪郭・骨格にフィットするか

これらの要素から、自分に合うヘアスタイルを考えてみましょう。

フィットするヘアスタイルから理想像が見えてくる

何かをデザインするためにはコンセプトが必要です。それが①の「自分の理想像」。もっとも大切なところです。

②は、朝のヘアセットに時間がかけられるのかなど、生活全体を考慮して決めるということです。例えば、ヘアアイロンを使ったことがなく、朝は20分で身支度を済ま

せたい方に、ヘアアイロンで仕上げるスタイルはフィットしませんよね。

③は、①と②さえ明確になっていれば、美容師がうまく表現してくれます。

髪質次第で表現しづらいデザインや、骨格や輪郭を「引き立てる効果がない」ヘアスタイルがあるのは確かです。

でもそれは、美容師が知識と技術を駆使し、その人の髪質に合っていて、骨格や輪郭を引き立てる施術を選び取ることでカバーできます。

クセ毛という髪質なら、クセ毛を活かしたウェーブにも、ストレートパーマをかけたサラサラヘアにもできます。髪質でヘアスタイルを選ぶのではなくて、表現したいものに合わせて、施術を選ぶんです。単純に地毛を活かすべきということでもありません。

①と②はお客様自身にしかわからないことですが、多くの方が美容師にその部分まですくい取ってもらえることを期待してしまっているように思います。

美しいと思える自分＝理想像

お客様に理想像を伺うと「改まって聞かれるとよくわからない」とおっしゃる方が大半です。

「理想とする姿に向かって美容やファッションにこんなに力を入れているはずなのに、どうしてだろう？」とよく思います。

おそらく、コンプレックスに目隠しされて、今の自分の姿も、理想の自分の姿も見えなくなってしまっているのでしょう。もしくは「これも素敵」「あれも素敵」と目移りしている状態だと思います。

「理想像」は、一生に一回だけ決めるものではありません。転職や昇進、独立、結婚・出産といった大きなライフイベントを経験して、シフトさせていきます。**ライフステージが変わると「こういうビジネスパーソンに」「こういうパートナーに」「こういう親に」と、まといたい理想像がおのずと変わっていく**のです。

少し言葉を変えて、「こういう自分でいれば美しいと自信が持てる」という視点でも考えてみましょう。

「こういう親でいられたら、素敵だなと思える」

「こういう先輩でいられたら、自分を誇れる」

心の底にある自分の理想像が浮かび上がってきませんか？

フィット（ｆｉｔ）は、英和辞典を引くと「ふさわしい」と訳されています。

「似合うヘアスタイル」を、消去法で決めてオーダーするのはもうやめましょう。

「理想像」をコンセプトに、自分にもっともふさわしいヘアスタイルを「選び抜く」という意識で決めてもらえたらと思います。

理想像を見つけるのに苦労する方もいらっしゃるでしょう。

私もなりたい自分がわからず、「どう生きたらいいんだ!?」と悲観していた時期もありました。でも今は、人は理想とする自分を見つけるために生まれてきたのだと思っています。そのときの理想像を見つけて、実現しようとし続けることこそが、人生ではないでしょうか。

いつも抑えている自分に気づこう

まずは、ウォーミングアップから。
凝り固まった思考をほぐして、自由に考えてみましょう。

Exercise

ワークA（理想像探しのウォーミングアップ①）

ハイクオリティの「ヘアスタイルシミュレーションアプリ」が開発されたとします。どんなヘアスタイルにも変身できます。

そのアプリのモニターをすることになったら、どんなスタイルやカラーを体験してみたいですか？　いくつでも構いません。あるだけ書き出してみてください。

さらに、そのヘアスタイルになったら、どんな印象になると思いますか？　それぞれ次のページに書いてみてください。

■ワークA　理想像探しのウォーミングアップ①

体験してみたいヘアスタイルやヘアカラー

❶

❷

❸

❹

❺

どんな印象になるか

Ⓐ－❶

Ⓐ－❷

Ⓐ－❸

Ⓐ－❹

Ⓐ－❺

無意識にかけている制限に気づく

今とあまり違わなかったでしょうか？　普段できないものが出てきましたか？

「常識的に見えるように」

「年相応に見えるように」

「職場ではできないから」

「自分のキャラじゃないから」

いつもヘアスタイルを考えるときは、こんなふうに自分にブレーキをかけているのではないでしょうか。このような制限は、思考を不自由にする重しになりがちです。「アプリで自分が見るだけなら、アフロの自分も試してみよう！」そんなふうに、今まで考えもしなかったスタイルに挑戦した人も多いのではないかと思います。

普段は思っているより、だいぶ自分を抑えて生活しているのかもしれませんね。

挑戦したいヘアスタイルから理想像が見えてくる

「体験したいヘアスタイルになった自分の印象」で出たワードは、あなたの「理想像」のキーワードになると思います。

例えば、初めの質問で、普段はなかなかできない「金髪」と答えたとしましょう。

同じ「金髪」でも、人によって答えはさまざまです。

「ナチュラル」
「クール」
「ロックな感じ」
「柔らかい印象」
「セクシー」

このように、全然違うものが出てきます。これは「なりたいヘアスタイル」を考えているつもりで、その向こうに「自分の理想像」を見ていたということです。
「ヘアスタイルは性質を持っている」ことを、多くの人が感覚的に知っているんです。

「失敗」が起こるワケ

美容室で写真のビジュアルなどを見せて、希望の長さや色、施術について詳しく説明すれば、美容師はそのように施術します。そうして、望み通りにしてもらったのに、「似合わない」「なんか違う」と気に入らなかった……そんな失敗経験が、たくさんあるとお客様から言われます。

あなたが美容室で「これにしてください」と写真を見せるとき、そのヘアスタイルそのものを求めているわけではなく、写真が醸し出す雰囲気が与える印象を求めているのではないでしょうか。

美容室で「なんか違う……失敗だ」が起こってしまうのは、ヘアスタイルの失敗なのではなく、**オーダーの失敗**。理想が伝わっていないからです。

ヘアスタイルに性質があることを理解せず、「自分の理想像」を伝えずに、「このスタイルに」とだけ言うと、美容師とお客様の間でイメージのすれ違いが起こります。

例えば、肩くらいの長さのボブスタイルのオーダーは要注意です。ボブの定義はさまざまですが、基本的に内側の髪の毛と外側の髪の毛の段差がなく、毛先の長さを一定に切りそろえたスタイルとされています。自然な丸みが出るので、ベースに「かわいらしい」性質を持っています。

でも、カット次第で、いろんな印象を演出できます。後ろから顔周りに向かって長くなる、前下がりのスタイルにすれば「カッコいい」印象にもできるのです。

ですから、「カッコいい」ボブを頭に思い浮かべていたのに、「この長さのボブ」とだけ伝えたら、「かわいい」になってしまうこともあるわけです。

どんな印象になりたいのか、理想をしっかり伝えましょう。オーダー方法については後ほど詳しくお話しします。

なりたかった自分を思い出そう

Exercise

ワークB（理想像探しのウォーミングアップ②）

子どもの頃「大きくなったらこうなりたい」と夢見ていた大人の自分は、どんな人でしたか？

幼い頃の最初の夢までさかのぼり、中学生くらいまでの夢を思い出して書いてみてください。

職業に限らず、「こんな暮らしをしている人」というようなものも大歓迎です。

ワークB　理想像探しのウォーミングアップ②

子どもの頃、描いていた夢（大人になった自分）

❶

❷

❸

❹

❺

子どもの夢＝制約がないならなりたいもの

これも、ワークＡに引き続き、自分の理想像探しのウォーミングアップです。

全部思い出せたでしょうか？　覚えていないものもあるかもしれませんね。

子どもの頃の夢を叶えた方もいれば、今とは全く違うお仕事や暮らしの様子が出てきた方もいるのではないかと思います。

Chapter2で、子どもは自分にとってのＮＧがないので、〝自己表現〟が自由だというお話をしました。将来なりたいものを子どもたちへ尋ねると「ヒーローになる！」「アイドルになるの」「保育士さんになる！」「ウサギになる（!?）」などなど、無邪気に夢を語ってくれるでしょう。

ヒーローになりたい子はきっと正義感が強いのだろうな。アイドルを夢見る子は歌やダンスで人を喜ばせたいのだろうな。保育士を目指す子は年下の子を手伝ってあげたいんだろうな、ウサギになりたい子はきっと動物が大好きなのだろうな……。

そんなふうに、彼らの純粋な情熱の源泉のようなものを感じますよね。

本当に好きなものは何？

「自分はこれが好きなんだ、こうなりたいんだ！」という感覚を思い出して、大人になるまでにくっつけてきた、自由な思考を妨げる「足かせ」から自由になってください。

私たちはだんだんと世界を知るにつれ、「理系が苦手だからムリ」「経済的に難しい」「家柄が違う」「あの人ほどできない」などと現実的になっていきます。

そして、自分で夢にＮＧを出していき、**「なりたいもの」が「実現可能なもの」に変わっていく**のではないでしょうか。

もう一度**「情熱の源泉」**を見つめ直してみてください。

子どもの頃に抱いた夢は、あなたが本当に好きで、「何にでもなれるなら、なりたい」と思った存在。それこそが「理想像」の核になるものだと思います。

憧れを深掘りしよう

ウォーミングアップその3です。ここも、理想像を掘り起こしていくステップだと思ってください。

Exercise

ワークC（理想像探しのウォーミングアップ③）

あなたが「こんなふうになりたいな」と憧れる人を、五人くらい書き出してみましょう。それぞれどんなところに憧れているのか、理由も合わせて書いてください。

ワークC　理想像探しのウォーミングアップ③

憧れる人の名前と憧れる理由

憧れる人❶ 　　　　さん

　　　　だから

憧れる人❷ 　　　　さん

　　　　だから

憧れる人❸ 　　　　さん

　　　　だから

憧れる人❹ 　　　　さん

　　　　だから

憧れる人❺ 　　　　さん

　　　　だから

心惹かれる人は理想像を写す鏡

身近な誰かに憧れている方もいるでしょうし、芸能人やSNSなどメディアで活躍する人の名前を挙げた方もいるでしょう。

憧れる理由として挙げた言葉は、理想像を見つける大きなヒントになります。五人とも同じような理由であれば、既に理想像がはっきりしているのかもしれません。

ただ、それらの理由が「印象」や「雰囲気」ではない場合、注意が必要です。

例えば「美人」「スタイルがいい」などの外見に関することばかりなら、それはきっとコンプレックスの裏返しです。

また「お金持ちだから」「素敵な家に住んでいるから」「結婚して子どももいて、仕事もしているから」などのステータスに関することも、理想像とは少し違うでしょう。その人たちのバッグや服、食べていた高級料理、素敵な家やインテリア、「夫と子ども、キャリアも持っているという地位」などが欲しいだけなのかもしれません。

外見やステータスは、その人の本質的な「ありよう」ではありません。ですから、なくなることもあります。もし、その人たちがその外見やステータスを失ったら、あなたはすぐその人たちへの興味を失うのではないでしょうか。

本質的なところを見ずに、表面的な部分に目を奪われていませんか？　そのように考えていると、きれいだとしても、裕福になっても、満たされない感じがするかもしれません。

今のそういう状態がダメだと言っているわけではありません。ただ「そんな自分だったのかもしれない」と振り返ってみてください。

どんな「ありよう」の人に憧れるのか

もし、意識の偏りに気づいたら、もう一つワークに取り組んでみましょう。

Exercise

ワークD（理想像探しのウォーミングアップ④）

憧れの人たちの共通点を探して、できる限り書き出しましょう。

今回は「性質や状態を表す言葉」で考えてみてください。

ワークD　理想像探しのウォーミングアップ④

「憧れる」人たちに共通しているのは？
※性質や状態を表す言葉で

❶

❷

❸

❹

❺

「美人」「スタイルがいい」「お金持ち」「素敵な家に住んでいる」「結婚して子どももいて、仕事もしている」などなど。

そうした憧れの人たちに共通しているのは、次のような印象や雰囲気ではないでしょうか？

「生き生きしている」

「いつも楽しそう」

「気持ちが落ち着いて見える」

あなたは心の奥で、その方たちの容姿やステータスとは別の「ありよう」の部分に憧れているのだと思います。

それがあなたの理想像の大きなヒントになるでしょう。

幸せな自分を想像しよう

これが最後のウォーミングアップです。しっかり頭を柔らかくしましょう。

Exercise

ワークE（理想像探しのウォーミングアップ⑤）

これから先の夢を三つくらい書き出しましょう。

そして、夢を叶えたとき、どんな自分になっていると思うかも、それぞれ書いてみてください。

ワークE　理想像探しのウォーミングアップ⑤

夢を叶えた自分

❶夢

❷夢

❸夢

思い描くライフスタイルとは

世界旅行、転職して別の目指す職業に就く、好きな人との恋愛の成就、一軒家に住む、一度でいいからあれを食べてみたい、打ち込んでいる何かのコンテストで認められる、長生きするなどなど、いろんな次元の夢が出てきたと思います。

ワークBで思い出した子どもの頃の夢を、改めて書いた方もいるかもしれませんね。

「叶えたときの自分」を考えることで、夢を成就させるプロセスも想像できたのではないかと思います。そのプロセスから、思い描いているライフスタイルも見えてくるのではないでしょうか。

どう生きたいのか

さて、それを叶えたときのあなたは、どんな人になっているでしょうか。

ワークDをふまえて、性質や状態を表す言葉で表現できたでしょうか。

「忙しいけど仕事で成果を出して、誇り高い私」
「オンもオフも好きなことができて、いつも幸せ」
「たくさんの孫に囲まれて、満足そうなおばあさん」

「外見とか、ステータスのことばかり書いちゃった」という場合は、もう一度、「どうありたいか」を性質や状態を表す言葉で考えてみてくださいね。

夢というゴールだけでなく、そのときどんな自分として生きていたいのかを言語化することで、自分の理想像のキーワードが出てくると思います。

もし、三つともバラバラすぎて、自分がどうなりたいのか全く見えなかったら、その三つの共通点を探してみてください。

そうして出てきた言葉も、手がかりになるでしょう。

好きな自分の一面を見つけよう

ここから具体的な理想像を見つけるためのワークが始まります。ワクワクしながら楽しんでやってみてくださいね。

Exercise

ワークF（理想像を見つける①）

誰と一緒にいるとき、一番自分を出してリラックスできますか？　個人でもグループでもOKです。そのときの自分はどんな人ですか？　自由に書きましょう。

ワークG（理想像を見つける②）

一緒にいると自分を一番肯定できる相手は誰ですか？　そのときの自分はどんな人ですか。いくつでもOKです。性質や状態を表す言葉で表現しましょう。

ワークF　理想像を見つける①

一緒にいるとき、一番自分を出してリラックスできる人と、その人といるときの自分

❶ ＿＿＿＿ さんといる「リラックスした自分」

❷ ＿＿＿＿ さんといる「リラックスした自分」

❸ ＿＿＿＿ さんといる「リラックスした自分」

❹ ＿＿＿＿ さんといる「リラックスした自分」

❺ ＿＿＿＿ さんといる「リラックスした自分」

ワークG　理想像を見つける②

一緒にいると、一番自分を肯定できる人と、その人といるときの自分

❶ ＿＿＿＿ さんといる「好きな自分」

❷ ＿＿＿＿ さんといる「好きな自分」

❸ ＿＿＿＿ さんといる「好きな自分」

❹ ＿＿＿＿ さんといる「好きな自分」

❺ ＿＿＿＿ さんといる「好きな自分」

あらゆる一面、全部が自分

私たちは、いろんな顔を持っています。会社での顔、恋人に見せる顔、妻としての顔、母としての顔。それぞれが違っていて当然です。**全て自分なので、どれが本物でどれが偽物（にせもの）ということはありません**。

私の場合も、リラックスしているシーンはいろいろあります。

まず、7歳の息子の前にいる「仕事が大好きで頼りがいがある（パパ）」は自分のありようがよく出ていると思います。

また、自分のサロンでもリラックスしています。スタッフの前で出している「美容の価値を上げるという目標に向かって、スタッフの喜びにも悩みにも寄り添う兄貴みたいなリーダー」という姿も、私らしいと感じられます（ワークF）。

同じ家でも、妻には気を抜いたところも見せたり、弱音も聞いてもらったりします。「(弱いけど、家族を守るために) 前向きに進んでいる自分」「(おどけて笑わせる) 愉快に振る舞う余裕がある自分」。そんなありのままの自分も嫌いじゃないな、こんな人もいていいよねと思えます（ワークG）。

磨いていきたい一面が「理想像」の種

二つのワークで、自分のいろんな面をイメージできたのではないでしょうか。「家族の前ではこんなふうにしたいと思っているな」「職場ではこんなふうでありたいと思っているな」。こんなふうに、場面ごとに自分の中から現れる、さまざまな「キャラクター」が見えたと思います。

ワークFで名前を書いた人は、あなたが「自由に〝自己表現〟ができる」、つまりコンプレックスを感じずにいられる相手ではありませんか？　その人たちの前では、無邪気な子どもの頃のように、本来の持ち味を表現しているのではないかと思います。

つまり、出てきた言葉は**「本来のあなたの持ち味」を表すキーワード**です。

ワークGも似ていますが、こちらは今後、もっと磨いていきたい一面が出ていると思います。**「なりたい自分の理想像」により近いワード**です。

今回書き出した内容を、次のワークにつなげてください。

「印象づけたい自分」を割り出そう

続いて、別の切り口から、あなたの理想像を探ってみましょう。

Exercise

ワークH（理想像を見つける③）

今、特に「この人から認められたい」と思う人は誰ですか？三人挙げてみてください。ワークF・Gと同じ人が登場しても構いません。

また、その三人からそれぞれ「この人からはこんなふうに褒められたい」と思う言葉をできるだけ、性質や状態を表す言葉で、10個ずつ書いてみましょう。

前のワークで出てきた言葉と同じでも構いません。これまでのワークで出てきたものが下地になると思います。

ワークH　理想像を見つける③

認められたい人から褒められたい言葉

1 ＿＿＿＿ さん

❶ ＿＿＿＿ ❷ ＿＿＿＿ ❸ ＿＿＿＿
❹ ＿＿＿＿ ❺ ＿＿＿＿ ❻ ＿＿＿＿
❼ ＿＿＿＿ ❽ ＿＿＿＿ ❾ ＿＿＿＿
❿ ＿＿＿＿

2 ＿＿＿＿ さん

❶ ＿＿＿＿ ❷ ＿＿＿＿ ❸ ＿＿＿＿
❹ ＿＿＿＿ ❺ ＿＿＿＿ ❻ ＿＿＿＿
❼ ＿＿＿＿ ❽ ＿＿＿＿ ❾ ＿＿＿＿
❿ ＿＿＿＿

3 ＿＿＿＿ さん

❶ ＿＿＿＿ ❷ ＿＿＿＿ ❸ ＿＿＿＿
❹ ＿＿＿＿ ❺ ＿＿＿＿ ❻ ＿＿＿＿
❼ ＿＿＿＿ ❽ ＿＿＿＿ ❾ ＿＿＿＿
❿ ＿＿＿＿

「見せたい自分」を意識する

お疲れさまでした。ちょっと大変だったでしょうか。

ワークF・Gと重なるところも多かったと思います。でも、今回は特に、ある特定の人から「これが優れている」と認めて欲しい一面を深掘りしてもらいました。

つまり、**特定の相手に「見せたい自分」のワード**を絞り込むことができました。

このワークをすると、大抵の方は頭を抱えます。なかなか出てこないんですね。「こういう人だと見られているだろう」という言葉なら、あまり悩まなくても出てくると思います。そのぶん、普段「自分をどんなふうに見せたいか」をはっきりとは意識できていないのでしょう。

「雰囲気のよさ」は与える印象から作られます。与えたい印象を意識することで、雰囲気は大きく変わっていくはずです。

今、表現するべき自分を知ろう

Exercise

ワークI（理想像を見つける④）

ワークHで挙げたキーワードの中から、一人につき1個「この人から、これを一番言われたい」と思うものを選んでください。

ワークJ（理想像を見つける⑤）

（A）【ワークI】で選んだキーワードを言われたい理由を考えてください。

（B）Aで答えた理由は「なぜ」なのか、理由を深掘りしてみましょう。

〈例〉ワークIの回答①「お客様からおしゃれと言われたい」

（A）おしゃれと言われたい理由→美容師だから

（B）なぜ美容師だからおしゃれになりたいと思うのか→きれいになりたい人たちの憧れやお手本になりたいから

ワークI　理想像を見つけよう④

認められたい三人から一番言われたい言葉(インプレワード)

❶　　　　さん

ワード①

❷　　　　さん

ワード②

❸　　　　さん

ワード③

ワークJ　理想像を見つけよう⑤

(A) ❶ さんからワード①と言われたい理由

(B)なぜ(A)と思うのか？

だから

(A) ❷ さんからワード②と言われたい理由

(B)なぜ(A)と思うのか？

だから

(A) ❸ さんからワード③と言われたい理由

(B)なぜ(A)と思うのか？

だから

なぜその印象を与えたいのか

さて、「今あなたが認められたい人に、数ある言葉の中から一番言われたい言葉」を選び出すことができました。

ワークIで出てきたこの三つを **〝インプレワード〟** と呼びましょう。

あなたが **「どんな自分に見せたいか、見られたいか」、つまり「自分の理想像」を表す** のがインプレワードです。

インプレワードは、ワークJの理由とセットで心に留めておいてください。

回答例で言えば「おしゃれと言われたい」というのは、これまでにも思っていたかもしれません。でも、深掘りして「何のためにそう思われたいのか」などを考えることが重要なんです。

そうすることで、自分の理想像がクリアになってきます。

理想像をストーリーにまとめる

ワークJの回答例をもとに考えてみましょう。
回答者は女性美容師です。回答例の他に、彼女は次のように答えたとします。

例　ワークJの回答②「恋人からかわいいと言われたい」

（A）かわいいと言われたい理由→かわいいと言ってくれるとうれしいから
（B）なぜ、かわいいと言われるとうれしいと思うのか？→彼にとって自慢のかわいい彼女でいたいから

例　ワークJの回答③「上司から頼もしいと言われたい」

（A）頼もしいと言われたい理由→仕事ができる証だから
（B）なぜ、仕事ができる証を欲しいと思うのか？　→もっと仕事を任されてデキる人だと認めてもらいたいから

三つのインプレワードは「おしゃれ」「かわいい」「頼もしい」です。

これをストーリーにしてみましょう。彼女は、休みの日は恋人と過ごして少し気を抜きつつ、オンの日は仕事に燃えている美容師の中堅スタイリスト。「美容師だから、流行をおさえたおしゃれさはマスト。上司から頼もしいと認めてもらって一人前のスタイリストになって、お客さんからたくさん指名される美容師になりたい。でも、強いキャラクターというよりは、彼に守られるかわいさもある自分でありたい」。

三つがバラバラのように見えても、理由を考えるとストーリーが見えてきます。

あなたのストーリーもまとめてみてください。何かしらの気づきがあるでしょう。

「思っていたそのまま！」と感じられる方もいると思います。

ストーリーがうまく作れない場合は、**優先順位を考えてみる**のもお勧めです。三つのワードの重要度から、自分が理想とする姿がより立体的に見えてくるでしょう。

一つ注意したいことは、インプレワードは具体的にしすぎないことです。「こうでなくてはならない」という決めつけになる可能性があります。特に、「○○さんのようにおしゃれに」など、比較のもとを作ることは避けましょう。

「おしゃれ」という言葉自体は解釈やセンス次第でいろいろですよね。もっと広い意味で「自分なりのおしゃれ」と意識を変えましょう。広く捉えられるように、インプレワードはできるだけ性質や状態を表す言葉を使います。

何かを決めつけようとすると、体に力が入ると思います。力んでいる自分に気づいたときは、「理想像≠こうでなくてはならない」ということを思い出してください。

理想のヘアスタイルを見つけよう

Exercise

ワークK（理想像を見つける⑥）

印象に関する10のワードがあります。

そのワードに「全然なりたくない」が「1」、「すごくなりたい」が「10」として、なりたい度合いを10段階で点数をつけて、次のページのチャートにマークして線で結んでください。

ワード：かわいい／かっこいい／女らしい／落ち着き／個性的／清潔感／知的／アクティブ／上品／自然体

ワークK　理想像を見つける⑥

インプレチャート

ヘアスタイルが持つキャラクター

このチャートは〝**インプレチャート**〟と呼んでいます。

P42で触れた通り、ヘアスタイルには性質（キャラクター）があります。この10個のワードは、ヘアスタイルが持つキャラクターを使って表現できる、主な印象です。

こちらのワードは〝**ヘアキャラワード**〟と呼びましょう。このチャートで、あなたの作りたい印象が、どんなヘアスタイルで表現できるかがわかります。

ワードごとに、代表的なヘアスタイルの例を紹介しましょう。

かわいい

ヘアデザインの「丸み」「柔らかさ」で表現できます。全体的なシルエットも丸く、部分的なラインにも丸み（カーブ）を入れます。内巻きはかわいい系の代表ですが、外ハネも丸いカールですから、かわいらしさが出せます。

かっこいい

直線的なラインでカットする、モード系のデザインが典型です。クールさと言い換えることもできるでしょう。

女らしい

ゆるやかな巻き髪など、ウェービーで華やかさやゴージャス感を出すと女性らしいムードが出ます。ショートヘアであれば、分け目をセンターよりサイドに寄せると大胆な感じが出て女性らしさをまといます。

落ち着き

ショートでも表現できますが、パーマやウェーブなどの動きや遊びがないストレートがベース。分け目をセンターにするほどセクシー度が薄まって清楚になります。

個性的

遊び心を表現します。前髪をアシンメトリー（非対称）にカットするとか、顔周りのサイドにちょっと短い部分を作るとか、顔周りのデザインにアクセントを入れるのが特に効果的です。また、斬新なヘアカラーでも個性は表現できます。

清潔感

ヘアカラーは暗めのトーンで、ストレートスタイルが基本。カール感は毛先だけにして、全体的にツヤを出すと清潔感を与えます。長さは長すぎずレイヤー（段）を控えめのミディアムで、スッときれいに束ねられるようなスタイルが王道。

知的

「優等生」のイメージがあるためか、黒髪のロングが最強です。

アクティブ

「元気さ」や「活発さ」の象徴として、一番イメージしやすいのはショートヘアでしょう。パーマをかけて毛先に動きを出すことでも表現できます。

上品

伝統的に、和服に合わせたヘアスタイルは、トップにボリュームがあります。和服姿の美しさと所作のエレガントさなどがリンクして、トップにボリュームを出すほど女性の品格が表現できます。

自然体

一言で言えば、作り込まないヘアデザインです。セットに時間をかけずに再現しやすいスタイルという側面もあります。

ヘアスタイルはいくつかのキャラクターの組み合わせ

チャートが完成したら、あなたが高い点数をつけた〝ヘアキャラワード〟の代表デザインを眺めてみてください。

あまり点数に差がなくても、一つか二つは高めに点数をつけたり、低めの点数をつけたりしたのではないでしょうか。そこに注目しましょう。「これが一番欲しい」「これは必要ない」など、**ヘアスタイルの希望を整理する際に役立つ**と思います。

このチャートは、美容師がヘアデザインを考える上でとても参考になります。どのキャラクターの要素をどんなバランスで入れるか決める助けになるのです。

繰り返しになりますが「なんか違う」が起こるのは、お客様のオーダーを美容師が解釈したとき、ギャップが生まれるからです。

ワークI～Jで出した〝インプレワード〟は「なりたい自分の理想像」を伝えるために必須ですが、言葉は人によって微妙に違ったニュアンスで使われるので、イメージを共有できないことがあります。そのイメージのずれを埋めるために、ヘアスタイルの側面から印象に関するワードを10個選び出して、このチャートを開発しました。

ヘアスタイルで表現する印象は、いろいろな要素が組み合わさって作り出されます。例えば、インプレワードが「かっこいい」の人が、ヘアキャラワードで「女らしい」に高い点数をつけたとしましょう。「カッコいい仕上がりで」とだけ伝えられたら、美容師は直線的なモード系クールに仕上げようと考えがちです。そこに「女性らしさもほしい」という情報が加わると、「もう少し別のスタイルかな?」と立ち止まります。そして「巻き髪などのグラマラスなセクシーさ、大人っぽさという意味で『かっこいい』という言葉を使っていたのかな?」などと想像することができます。すると「では、こんなスタイルはどうですか?」と会話が生まれて、お互いにイメージをすり合わせていくことができるでしょう。

インプレワードとヘアキャラワードが大きく異なる場合、あるいは違うベクトルのヘアキャラワードに高ポイントをつけた場合は、オーダーの際にヘアキャラワードも合わせて伝えることをお勧めします。

自分の理想像を髪で表現しよう

オーダーの前に伝えるべき二つのこと

Chapter3では、あなたの理想の自分を表す〝インプレワード〟、その理想像とヘアスタイルの持つ性質を結びつける〝ヘアキャラワード〟を見つけることができました。

最後に、理想のヘアスタイルを実現するためのオーダーのコツをお伝えします。

「こうなりたい」という希望の前に、必ず二つのことを美容師に伝えましょう。

オーダーの前に伝えること① 今一番気になっていること（お悩み）

「白髪があって目立たなくしたい」「ダメージが気になる」「まとまらない」「ボリ

ュームが出ない」など、髪について気になっていて改善したいことを伝えましょう。

髪質や髪の状態のお悩みについてまず伝えることで、美容師は「最低限おさえておくべき注意点」を意識することができます。

オーダーの前に伝えること② 過去に美容室で嫌だったこと

「思い通りの色にならなかった」「パーマがきつすぎて気に入らなかった」「ばっさり切ったら似合わない仕上がりになった」など、できるだけ詳しく「失敗」について経験を話してください。

過去の失敗エピソードを聞けば、何がトラウマなのか、どんなコンプレックスがあるのかなどを推測することができます。「されたら嫌なこと」を知らせておくことで、「失敗」のリスクは大きく減らすことができます。

よくフライングして、いきなりビジュアルを見せながら「こうしたい」と伝えてしまうことがあります。

ビジュアルを見せられてしまうと、美容師は反射的にその人の髪にデザインを当てはめて、ヘアデザインを再現することに集中してしまいます。

お客様はそのビジュアルを〝フレーム〟で捉えて雰囲気を再現してほしいのに、美容師はデザインに気を取られ、大きなギャップが生まれます。

言葉で伝えてから、ビジュアルを見せる

さて、ここからが本題です。

オーダー手順①　希望のキーワードを伝える

ここでいよいよ、〝インプレワード〟を伝えてください。

できれば、ワークー・Jから考えたストーリーにすると話しやすく、伝わりやすいです。チャートで特に目立った〝ヘアキャラワード〟もつけ加えると、美容師にとって大きな助けになります。

オーダー手順②　長さや施術の希望を伝える・イメージビジュアルを見せる

この長さにしたいとか、色をこうしたいといった具体的な希望が既に決まっていたら、自分の理想やヘアスタイルを言葉で説明した後で伝えましょう。写真などはなおさら、見せるのはこのタイミングで！

こうして手順を踏めば、美容師はお客様のオーダーを聞いて、理想像とヘアスタイルの持つ性質を結びつけ、さらに骨格や顔の特徴のバランス、髪質を考慮してヘアスタイルを作ることができます。

例えば、オーダー手順①までで大体の方向性を思い描いたところで、ショートスタイルのビジュアルを見せられたとします。すると、「なるほど、この長さでこういうイメージチェンジがしたいのだな！」と、一気にスタイルを決められます。

もし「ショートにばっさり切りたい」とだけ伝えられたら、ヘアカタログを見ながら「これですか？」「違います」というやりとりを30分続けた末、「なんか違う」という結果になりかねないことは想像できますよね。

「個性的で、大人っぽく、明るい印象のショートヘアで、女らしさも入れたい」と言われれば、「前髪は顔が見えるように短く個性的にして、落ち着いた色で、全体にゆるくカールを入れる」のように、具体的なデザインの提案ができます。

とにかく**冒険を楽しみたい場合は、ビジュアルを先に見せるのもアリ**です。でも、これはかなりの上級編です。どんな自分になるのかがわからない状況を心からワクワクして、出来上がったスタイルがどうであっても自分なりにアレンジして楽しめる人なら大丈夫でしょう。

美容師としては「完全におまかせ」というのも腕が鳴るところではありますが、私は「色を思い切って変えるのはアリ？」とか「バッサリ切っても大丈夫？」といったＹｅｓ／Ｎｏで答えられる質問だけはすることにしています。「これは嫌」ということは聞いておきたいのです。お客様には笑顔になっていただきたいですから。

同じ理由で、ヒントが少ない場合はできるだけオーソドックスなスタイルに寄せるようにします。もし自分の想像を超えた意外な仕上がりを期待するなら「最先端のデザイン」「個性的にしてほしい」といった希望を伝えてもらえたらと思います。

髪で新しい自分を「試着」

私は、美容室では「ヘアスタイルを試着する」ような感覚を持ってほしいなと思います。**なりたいヘアスタイルにして、自分の理想像も試着**できる。自分の素敵な一面を発見する機会として、ぜひヘアチェンジを使ってください。

そして「自分の理想像」は変わっていきます。**美容室に行くたびに、〝インプレワード〟をアップデートして、自分の変化に気づく**きっかけにしてもらえたらと思います。

そんなふうに、美容室を人生に役立ててもらえたらうれしいです。

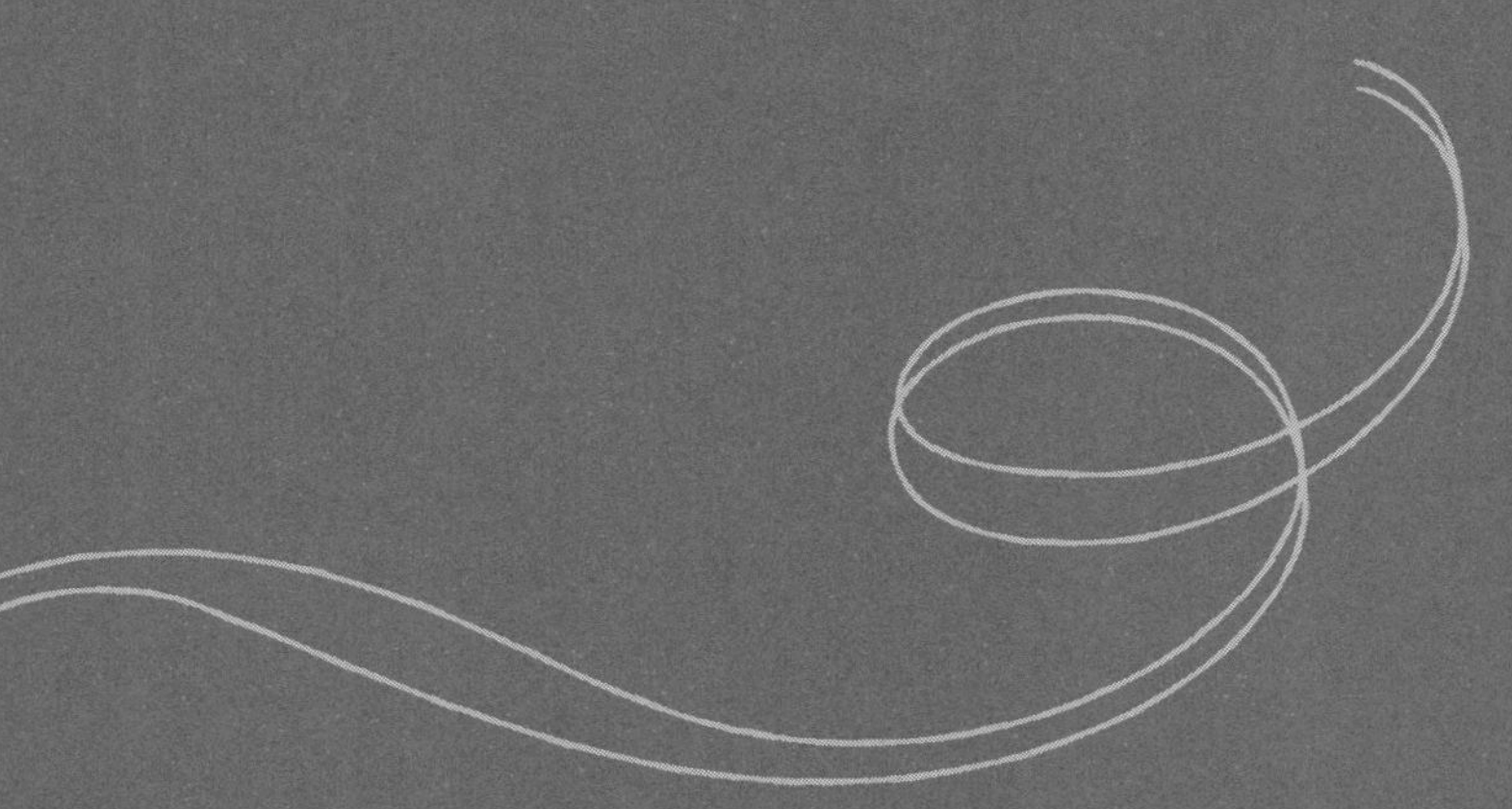

いつも“頑張っている”人ほど、首や肩に力が入りがち。

それがいろんなところの緊張を呼び、エネルギーをロスしてしまいます。

疲れる上、無理のある姿勢が心を落ち込ませて、せっかくつかんだ自分の理想像も忘れがちに……。

“コアポジション”を整えると、緊張した筋肉をゆるめることができます。

自分の佇まいをしっかり見つめ、体の癖を“リセット”していきましょう。

Chapter 4

今の自分の姿を知る

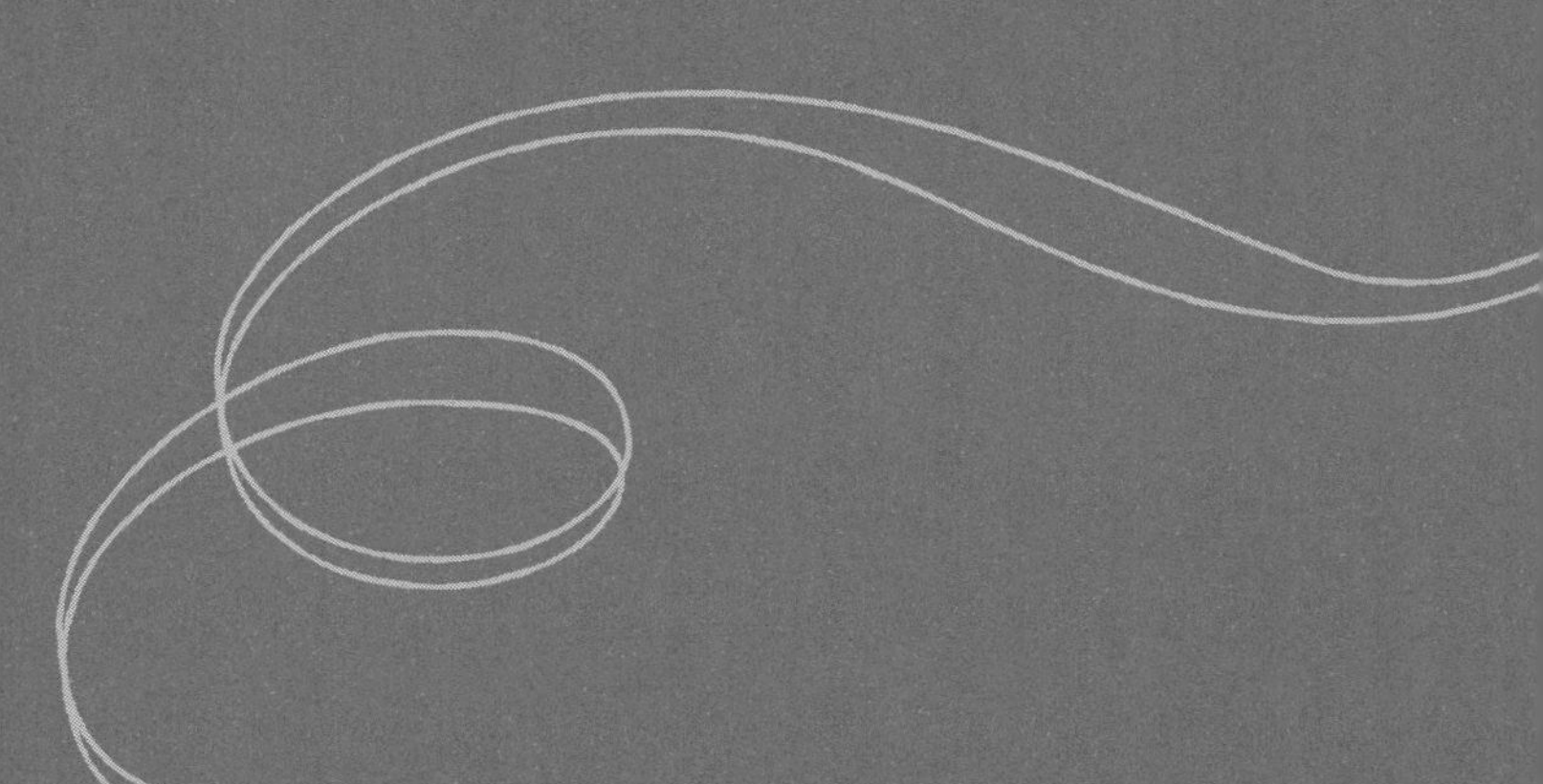

体の状態を確かめる

コアの傾きがないか

〝フレーム〟内の〝ポイント〟で特に大きな面積を占めるのは、髪と体（姿勢）。この二つは、印象作りの二大要素と言えます。

ここまでお伝えしたように、体の状態は心にも作用します。そして、コア（体の中心軸）のずれは、顔の肌や表情、髪にまで影響します。言うまでもなく、体をベストコンディションに保つことは重要です。

本書では、**コアが地面に対して垂直にあり、真ん中で重心を取る〝コアポジション〟を体のコンディションの指標**としています。

コアポジションを整えるために、今の自分の状態を知ることから始めましょう。自分がどんなふうに立っているか、次の五つの方法でチェックします。できれば、自分の姿を動画で撮影しましょう。ビフォー／アフターの比較がしやすくなります。

Check

重心チェック（左右）

肩幅より少し狭いくらいの足幅で自然に立つ。手は力を抜いてまっすぐ下ろす。

←

伸ばした両腕を肩の高さまで上げていくと同時に、片足を上げていく。膝を曲げて角度が90度になるまで太ももを上に持ち上げる。

←

10秒間キープする。左右とも行う。

Check

重心チェック（前後）

肩幅より少し狭いくらいの足幅で自然に立つ。腕は力を抜いてまっすぐ下ろす。

←

重心を前の方（足の裏のつま先～真ん中くらい）に移動して、３秒ほどキープ。

重心を元の位置に戻す。

重心を後ろの方（足の裏のかかと～真ん中くらい）に移動して、３秒ほどキープ。

左右のチェックでは、一方は安定して長く立てるのに、逆はグラグラすると感じたのではないでしょうか。そのようになるのは、安定する側に重心を乗せているからです。

前後のチェックでも、どちらかでグラついたのではないでしょうか。こちらも、グラつかない方に重心を乗せているということですね。

また「グラグラしない方がいいはず」と、踏ん張ってしまった方はいませんか？

もちろん、重心に偏りがないことが理想です。左右・前後どちらも、グラつきが少なければ、比較的重心が中央にあると言えるでしょう。

でも、**ここで大切なのは「自分は左で重心を取っている」「前重心で立っている」といった、自分のありのままの姿を知ること**です。「できている／できていない」「良い／悪い」とジャッジする必要はありません。正解を探そうとせずに、リラックスして行うようにしてください。重心の整え方は後半の項目でお伝えしていきます。

柔軟性のチェック

合わせて、体の柔軟性（可動域）も確認することをお勧めします。〝コアポジション〟を整えた後の体の変化を実感するためです。

Check

首の可動域をチェック

肩幅より少し狭いくらいの足幅で自然に立つ。手は力を抜いてまっすぐ下ろす。

←

体（両肩）は正面に向けたまま、ゆっくり後ろを見るように首を回していく。無理なく動く限界までできたら、目線の先にあるものを確認し、どこまで動くか覚えておく。

←

正面に戻して反対も同様に行う。どちらの方が回りやすいかも確認する。

Check

腰の可動域をチェック

肩幅より少し狭いくらいの足幅で自然に立つ。

←

顔の前で両手の平を合わせて両腕を前方に伸ばし、腕を床と平行にする（両手を合わせた「前にならえ」のような形）。

←

合わせた手の先が体の横から後ろに向かっていくようにして、ゆっくり腰をひねっていく。合わせた両手をずらさずに無理なく動くところまできたら、手の先にあるものを確認して、どこまで回るかを覚えておく。

←

手を正面に戻して反対も同様に行う。どちらの方が回りやすいかも確認する。

Check

前屈／後屈をチェック

肩幅より少し狭いくらいの足幅で自然に立つ。

⬅ 腕の力を抜いて、おじぎするように体を前に曲げていく。無理のないところで、両手が床からどれくらい離れているか、または床にどれくらいつくのか覚えておく。

⬅ 体をゆっくり起こして元の位置に戻ったら、今度は両手を腰に添えて体を後ろに反らしていく。無理のないところで止め、何が見えるか覚えておく。前後どちらの方が曲げやすいのかも合わせて確認する。

こちらも、左右・前後で差があったのではないでしょうか。

あくまで確認ですので、結果の良し悪しにはこだわらなくて大丈夫です。しっかり認識できた自分を褒めてあげてください。

「まっすぐ立つ」を知る

空からぶら下がっているイメージ

私は〝コアポジション〟で立つことを「空に向かって真っすぐに立っている状態」と表現しています。コアが地面に対して垂直な状態という意味です。

コアポジションであれば、**体に余計な力を入れずに立つ**ことができます。周りから見ても自然な様子で、本人もリラックスできます。身のこなしも楽で「体が軽い」と感じられるでしょう。

でも実際、ほとんどの方はコアポジションが崩れています。

そもそも「立ち方の基本」というものを習ったことってありませんよね。だから、何を意識して立つと楽なのか、コアポジションなんて知らなくても仕方がないのです。「空に向かって真っすぐ」がピンと来ない方は、**マスコット人形になった気分**を想像してみてください。頭のてっぺんからぶら下げられている状態。脱力して重力を感じるだけ。首の後ろがスッと伸び、体に一本の軸が通って、地面に対して垂直に刺さっている。手足もブラブラとリラックス……そんな様子が想像できますよね。

立つために必要な筋肉は使っているので、完全な脱力ではありませんが、この感覚を体感してみましょう。

〝ゴールデンポイント〟を真上に向ける

ここで言う「頭のてっぺん」とは、美容用語で**〝ゴールデンポイント〟**（以下、G・P）と呼ばれる点です。

あなたのG・Pを探してみましょう。

まず、片方の耳の穴から頭頂に向かって線を伸ばし、逆の耳の穴を結ぶラインをイメージしてください。そのラインと、頭の真ん中のライン（「正中線」と言います）

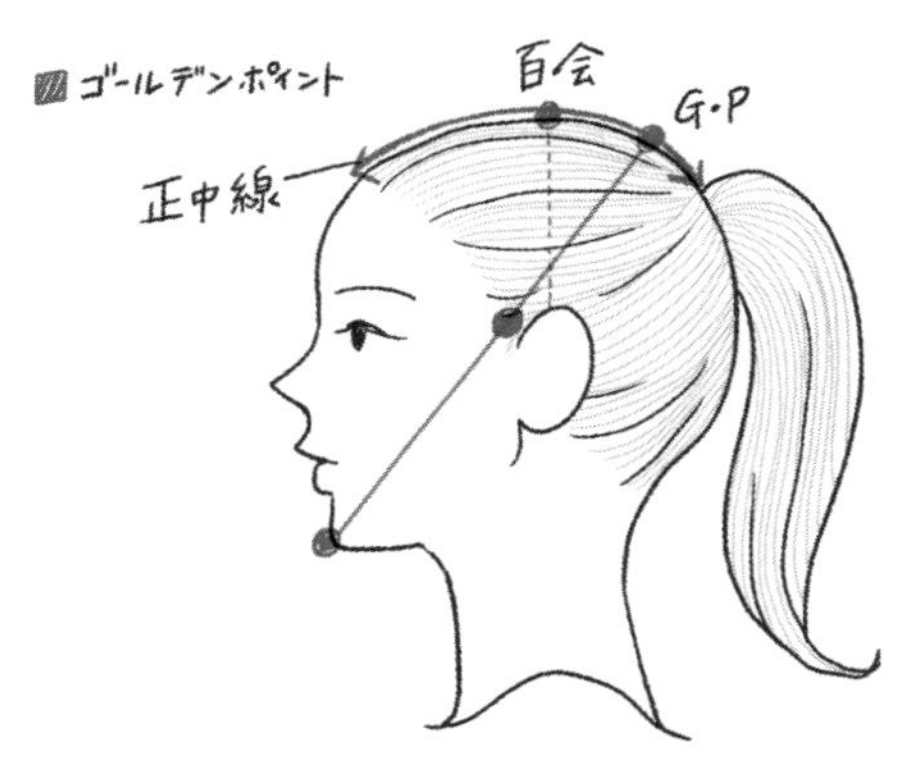

が交差する点に、東洋医学のいわゆるツボ「百会（ひゃくえ）」があります。その百会から指2本分くらい後ろにある、頭蓋骨が少しくぼんだところがG・Pです。

もしくは、顎から左右のこめかみを通って頭頂部までたどっていくという探し方もあります。

ちなみに、G・PからG・Pのやや下辺りでポニーテールやシニヨンを作ると顔の皮膚が引っぱられて、**最適なリフトアップ効果を生む**と言われています。美容師が施術をする際に基準とする大切な点です。

G・Pを見つけたら、重心のチェックと同様、肩幅より狭いくらいの足幅で立ちましょう。G・Pの髪の毛を数本つまんで、真上（地面に対して垂直方向）に軽く引っぱってみてください。首筋や背筋が伸びて、コアが体の真ん中を通っていることを感じるでしょう。

〝コアポジション〟で立つと、体がまっすぐになって下腹部に適度な力が入り、左右にほぼ水平に伸びた鎖骨から真下に腕が下りて「胸が開いた」状態になります。

これが心もオープンになる基本の姿勢です。

〝コアポジション〟と「良い姿勢」は違う

「私はいつも姿勢が良いと言われているから大丈夫」と思った方もいるでしょう。

でも、**良い姿勢が「辛い姿勢」になっていることもあります**。

試しに「良い姿勢」と言われる形として「胸を張る」姿勢を取ってみてください。

胸を突き出すと腰が反り、後頭部が少し後ろに移動して傾き、Ｇ・Ｐが真上を向かなくなるでしょう。こうして、コアが傾きます。そして、頭の重みを支えようと重心が後ろに移動し、首や肩に力が入り、腰が少し前に出て……というように、傾いたコアのバランスを取ろうとして、あちこちに必要以上に力が入ります。

これでは自然な状態とは言えませんよね。「頑張って」いるため、心身共にストレスを感じているのです。

姿勢は、重心から作られます。

先ほどの、胸を張る姿勢を続けていると、重心が後ろにある状態が続き、その姿勢の癖がついていくわけです。

〝コアポジション〟でなければ重心を真ん中に保てません。**重心が真ん中にあれば、体も心も一番リラックスできます**。自分らしさを表現する余裕が生まれるはずです。

本当に自信があれば、胸を張ろうと力を入れなくても、自然に胸が開き、表情や声、振る舞い、言葉遣いなど〝フレーム〟全体からにじみ出ます。大切なのは、良い姿勢のあなたでいることよりも、自然なあなたでいることです。

コアからコンディションを整える

体の痛みはコアのずれが原因だった

コアのずれが、心身のコンディションの乱れをもたらすことがあります。

長年コンプレックスと、ひどい肩こりや頭痛に苦しんでいた私は、数年前に身体面からアプローチしてこの痛みの改善を試みました。すると、思っていた以上に首に負荷がかかって、筋肉が緊張していることを自覚しました。

まず、ストレッチやマッサージで凝り固まった筋肉をほぐし、体に染みついた姿勢の癖の矯正を受けました。平行して、体に負担をかけない筋肉の使い方を覚えるトレーニングも行っていきました。

こうして体にじっくり向き合っていると、「ハッ」とひらめく瞬間が訪れました。体がある状態になると、体の緊張が解けて楽になる——。それが〝コアポジション〟でした。

施術後はいつも心も体も軽くなったように感じましたが、気がつくとすぐ元に戻っていました。**一度ついた癖はかなり意識しないと、改善できない**ものだったのです。

つまり、コアポジションを維持できれば、いずれは体も心もリラックスした状態になる。**必要なのは、コアポジションを常にキープすること**。

日常でコアポジションを意識するようになってから、1カ月ほどで頭痛はすっかり治まりました。薬に頼ることもほとんどなくなり、精神的にも安定して「ご機嫌」の状態の方が多くなったと感じます。

コアポジションを意識するようになったお客様の多くは「頭痛や腰痛がなくなった」とおっしゃいます。体の痛みから解放され、心から笑えるようになっていくのです。

コアのずれがもたらす美容トラブル

コアのずれは、肌や髪などの美容にも影響します。

よくあるパターンとして、顔の（筋肉の）バランスが影響を受けて崩れます。

顔の中での1ミリの変化は小さくありません。顔の片方が筋肉の緊張によって引っ張られることで、眉毛や目の高さ・大きさなど、左右差が生まれます。表情筋の動きがアンバランスになると、笑顔も引きつったように左右非対称になることがあります。

また、首回りの筋肉が緊張して固まれば、リンパ液や血液の流れが滞ります。顔から血の毛が引いたようになり、目の下のクマや肌のくすみ、むくみやたるみなどが起こります。栄養が届かず、髪はツヤやハリを失います。

頭の筋肉の動きにも支障が出ます。その結果、顔の筋肉が重力で下がって、シワができやすくなるでしょう。表情筋の動きが滞ると、表情も乏しくなります。

全身は1枚の皮で包まれています。そのため、バストやヒップが下がるのも、顔の近くの筋肉の固まりから始まっている場合があります。

このように、体の**トラブルは雪だるま式に大きくなっていく**のです。

〝コアポジション〟を整えたら、この負の連鎖を〝美の連鎖〟に変えることもできるでしょう。多くの不調や悩みの改善が期待できます。

重心の偏りから心の状態を見る

左右の偏りに「右脳派」「左脳派」が表れる!?

私の経験では、左側に重心が偏っているお客様が特に多いです。「左側に重心が偏っている」ということは「体の右側を自分から遠ざけている」とも言えます。

脳科学的な見方を加えると、**姿勢には脳の反応が表れている**とも考えられます。

ここで、少し脳の働きについて説明させてください。脳は右脳と左脳に分かれています。右脳は五感からなる芸術や総合的な判断などの感覚やインスピレーション、左脳は言葉や計算などの論理的な思考を得意としています。

そして、体の右半身は左脳側、左半身は右脳側とつながっているそうです。

このような脳の働きと体のつながりから考えると、「体の右側を避ける」姿勢（左重心）を取っているのは「体の右半身がつながっているもの＝左脳が司るもの」を避けていると解釈することもできるでしょう。

実際にお客様にお話を伺うと、左重心の方は理論的に考えて物事を進めるより、感覚的にやりたいという〝右脳派〟タイプの方が多いようです。

ただし、**重心は日々変わります。**

例えば、計画通りに観光したい左脳タイプ（右重心）の人が旅行先で想定外のアクシデントに遭った結果、左脳につながる右半身を避けて左重心になるということもあるかもしれません。

とはいえ、**人によって体についた癖もある**でしょう。

例えば、数字が苦手な右脳タイプ（左重心）の人が家計簿をつけると決めたけど、本当は「面倒だな、嫌だな」と思っていて、ついついサボってしまう――。そういう思考に体が反応して左重心でいると、その状態が体に染みついてきます。

思考の癖が姿勢に影響する可能性もあるのです。

前後の偏りに未来への展望が表れる!?

次に、重心の前後の偏りについて、脳科学的な視点から考えてみましょう。**耳から前は現在・未来、後ろは過去を象徴する**と言います。「過去を振り返る」というように、私たちの意識の中に「後ろ＝過去」という認識があるようです。

前に重心があるときは、嫌な記憶など、過去から逃げている状態、逆に後ろに重心があるときは、現在や未来に対して不安がある状態と考えられます。「尻込む、後ずさる」などの言葉にも象徴されていますね。体が傾いている方に意識も向くなら、重心と同じく、そのときどきで偏りは変わるでしょう。

重心のチェックをしたときの、自分の内面の状態を思い返してみてください。思考の癖や現状にリンクしているかもしれません。

試験の日が近づいて不安になったら「後ろ重心になっていないかな?」。つき合いで仕方なく美術館に行って退屈したら「右足に重心を乗せて立っていないかな?」。このように体を見直して、偏りに気づいたらニュートラルに戻すようにしましょう。

〝コアポジション〟の作り方

真っすぐに立つための5ステップ

実際に〝コアポジション〟で立ってみましょう。五つのステップで説明します。腰から上が写る鏡やガラスなどの前に立って行ってください。「コアポジションで立っている」ことを感覚で覚えるために、自分の目で見て確認することも大切です。

How to

コアポジションで立つ

ステップ①

軽く足を開いて楽に立ち、両腕は自然に体側に沿わせて下ろす。〝ゴールデンポイント（G・P）〟（P180参照）が真上を向くように頭部の角度を調整する（顔が前後・左右どこにも傾かず、顔の中心軸が床に対して垂直の状態）。

ステップ②
両腕を体から離し、30度くらいの角度まで（拳二つ分程度離して）上げる。

ステップ③
両手の平を上に向けるようにして、痛みを感じないよう注意しながら、親指が外を向くように、腕を外に回していく。手首や肘からではなく、肩から肘にかけて（二の腕から）を外側に向かって回すイメージで行う。
このとき、腕を後ろ（背中の方）に引かないように注意する。体の真横から移動させずに回す。

ステップ④
そのままの体勢で深呼吸を二回行う。大きく鼻から5秒で吸い込み、10秒かけて口から息を吐ききる。体を丸めたり、軸を動かしたりしないように意識する。

ステップ⑤

腕が体に自然とつく位置までおろしたら、肘から上はなるべく動かさないようにしたまま、肘から下を内側に回して元の位置に戻す。

これで、肩が自然と開き、体の真ん中で重心が取れた姿勢になります。

いつもの肩や腰の痛みなどが軽くなったような気がしませんか？

ステップ①で「頭を垂直にして立つ」こと、ステップ④で「肩と胸の位置を変えない」ことを必ず守ってください。「いつもとあんまり変わらないな」と思った方は、その二つを意識してもう一度やってみましょう。

また、ステップ④の深呼吸もしっかり行ってください。

現代人は呼吸が浅く、肺の本来の機能を上手に使えていないと言われています。肩が内側に入った猫背の状態は胸を縮め、浅い呼吸の原因になります。

すると、血液中の酸素濃度が低下し、体の機能に影響します。

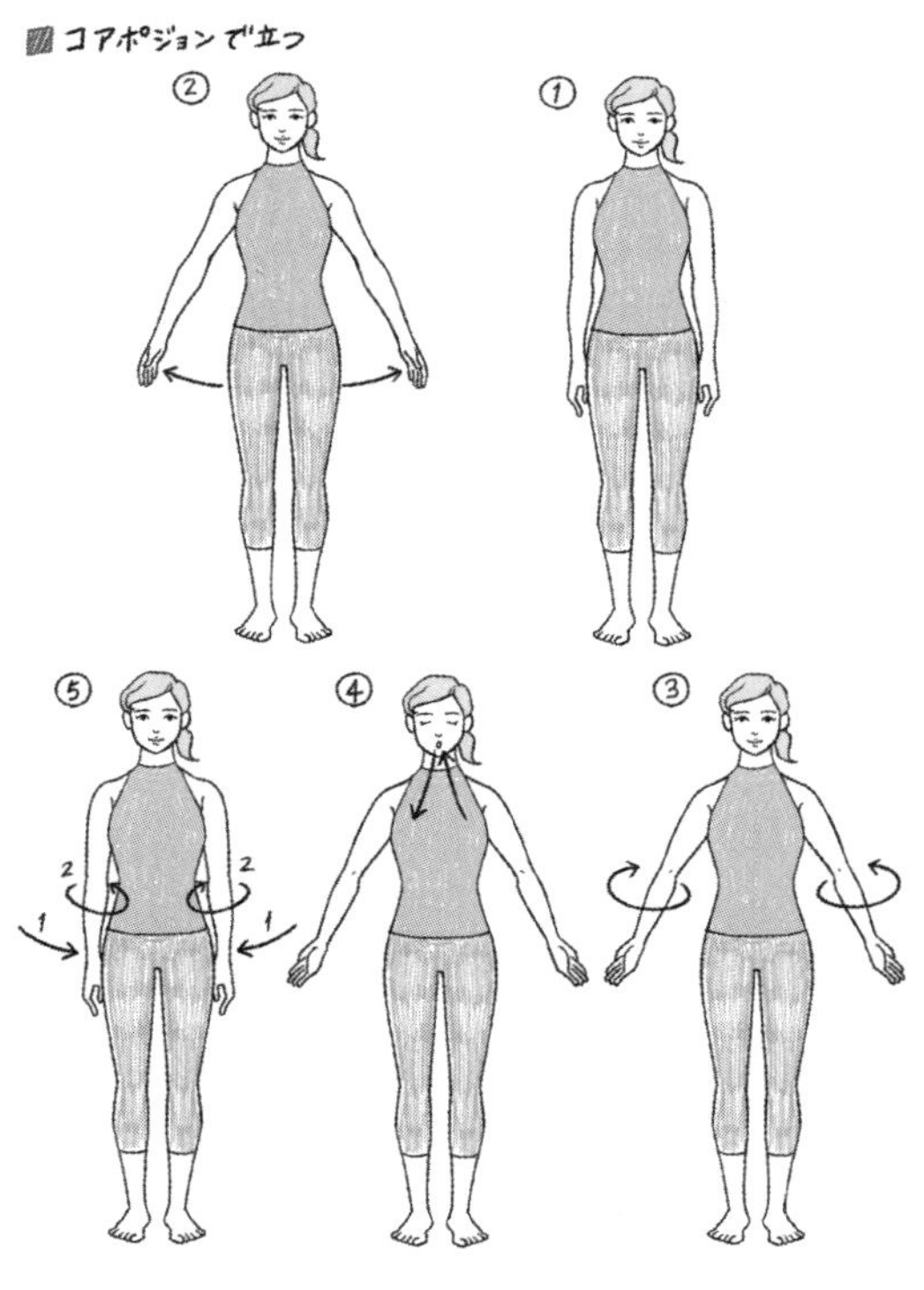
コアポジションで立つ
①
②
③
④
⑤
1
2

特に、大きな影響を受けるのは脳です。自律神経が乱れ、筋肉が緊張し、肋骨が下がり、内臓の機能や代謝の低下など、さまざまな症状につながる可能性が出てきます。自律神経のバランスが乱れると、感情もコントロールしづらくなることがあります。

鼻から息を吸い込むときは、肺が風船のように喉元近くまで膨らんでくるイメージで、口から息を吐ききるときは、ゆっくりおへそから息を吐き出すイメージで行ってください。

鼻から大きく息を吸い込むことで肺に十分な酸素を運び、口から大きく吐くことで、肋骨内で固くなっている横隔膜が動いて体全体を引き締めてくれるようです。

"コアポジション"の感覚をつかむ

ステップ②・③で、「胸が開いた」状態の上半身ができます。④で息を全部吐ききると、自然に下腹部に力が入るはずです。**重心が下腹の真ん中辺りにストンと下りる感覚**を味わってください。

このとき、他の部分には無駄な力が入っていないことに気づくと思います。もし、足などが力んでいたら、もう一度仕切り直してステップ①から始めてください。

コアポジションの上半身を維持すれば、足のポジションが変わります。すると、歩き方が変わってきます。いつもより「足が軽い！」という感覚になるでしょう。

それから、この状態で柔軟性のチェックをしてみてください。前回よりも可動域が広がっていませんか？　余計な力が入ることで、柔軟性が失われていたのでしょう。

コアポジションで立っているあなたは、とても自然体で「自由な〝自己表現〟ができる」状態です。

いつでも再現できるように、鏡の中の姿をしっかり確認して、覚えておきましょう。

〃リセット〃でいつも「OKな私」になる

毎朝、鏡を見ながら行う

この〃コアポジション〃に立ち返る5ステップを行うことを**〃リセット〃**と呼びます。リセットは基本的に鏡があれば、どこでもできます。ぜひ、生活の中に取り入れてください。

人は日々、気候や体調、見聞きすることなどに影響を受けて心も体も揺らぎます。いつも同じ状態でいることは難しいでしょう。

とりわけコンプレックスは手強い相手です。何かうまくいかないことがあると「こんな自分じゃダメなんだ」とすぐに心が閉鎖的になって、無意識に体に力が入り、肩が内側に入る。コアポジションを整えても、元に戻ってしまうのは仕方ありません。

私は頭や体がガチガチになっているお客様に会うと「大変ですね。本当に毎日お疲れ様です」とねぎらいの声をかけたくなります。毎日すごく頑張っているということが伝わってくるからです。

自分の小さな〝ポイント〟が気になり、「もっとできるはず」「もっと素敵になろう」という想いが強くなって、一生懸命になりすぎているのだと思います。

そんなときには、リセットで、心と体をリラックスさせましょう。

鏡を見ながら、胸を開いて余計な力を抜きます。その姿をしっかり見ることで意識をポイントから〝フレーム〟に移し、心もクリアにして再スタートすることができます。

コアポジションには正しい／正しくないという基準はありません。本人にとって一番自然で、心地いいポジションがあるだけです。コアポジションを「自分が立ち返る基準」として、定期的にリセットしてください。

毎朝の身支度で必ず鏡を見ますよね。その仕上げとして行うことをお勧めします。なりたい自分を目指してヘアスタイルを作り、メイクをして、最後にリセット。このとき、ステップ④で息を吸う際に腕を頭の上に上げていき、息を吐くときに腕を下げるストレッチを入れると効果的です。

その後、**親指を立てたサムズアップのポーズで、鏡の中の自分に向かって笑顔で「自分、OK!」と声かけするまでをセット**にしましょう。

習慣にすると、個人差はあるでしょうが、1カ月ほどで体がコアポジションを覚えてくれるはずです。

モードチェンジしたいときにも

多忙で時間に追われていると、〝リセット〟の時間を取れないこともあるでしょう。するとと「あれができなかった」「もっとこうしたかった」といったダメなところ探しが始まって……。コンプレックスに意識が向かってしまうかもしれません。周りがだんだん見えなくなって、自分がどんな理想に向かっているのかも見失い……。

そうなれば、体も緊張してガチガチになってしまうでしょう。

そういうときにはすかさず、リセット。

今日、できなかったことがあっても大丈夫。明日からまたゴールに向かっていけたら問題ありません。小さな失敗は置いておいて、心身共にリセットして機嫌よく動き出せたら「自分、ＯＫ」です。

リセットは**少なくとも1日一度が理想的**です。もちろん、多いに越したことはありません。職場ではトイレで鏡の前に立つたびにリセットするなど、気づいたら行ってください。

嫌なことがあったときや、自分の欠点にクヨクヨしてしまうときも、リセット！気持ちの切り替えにもなるはずです。「〇〇な自分、ＯＫ！」と心の中で笑顔を作るのも忘れずに。

特に、Chapter3のワークHで挙がった「認められたい3人」に会う前には、儀式のようにリセットできれば素晴らしいと思います。

仕事の前には「頼りがいのある私、ＯＫ！」

仕事が終わって恋人に会う前には「かわいい私、ＯＫ！」

そんなふうに、常に未来の理想の自分に向かってマインドセットしていれば、自分で好きだと思える「ＯＫな私」でいられます。

このChapterで紹介した、重心のバランスや可動域のチェックからリセットまでを〝コアリセット〟として、動画にまとめました。

次のＵＲＬまたはバーコードから見ることができます。ご自身で行う際に、参考にしていただけたらと思います。https://mindco.biz/core-reset/

“リセット”によって、心身共に余計な思考や緊張を削ぎ落した状態に戻ったら、自分の本来の美しさを自覚することができるでしょう。そのベストなコンディションをしっかり意識に定着させることが大切です。さらに、内面の美しさを“フレーム”で表現することで「美しい自分」を心身のすみずみまでしみこませていきましょう。
最後のChapterでは、フレーム内の“ポイント”を上手に使いこなして、もっともっと素敵な雰囲気を作っていく知恵をお伝えします。

Chapter 5

“フレーム”で自分を表現する

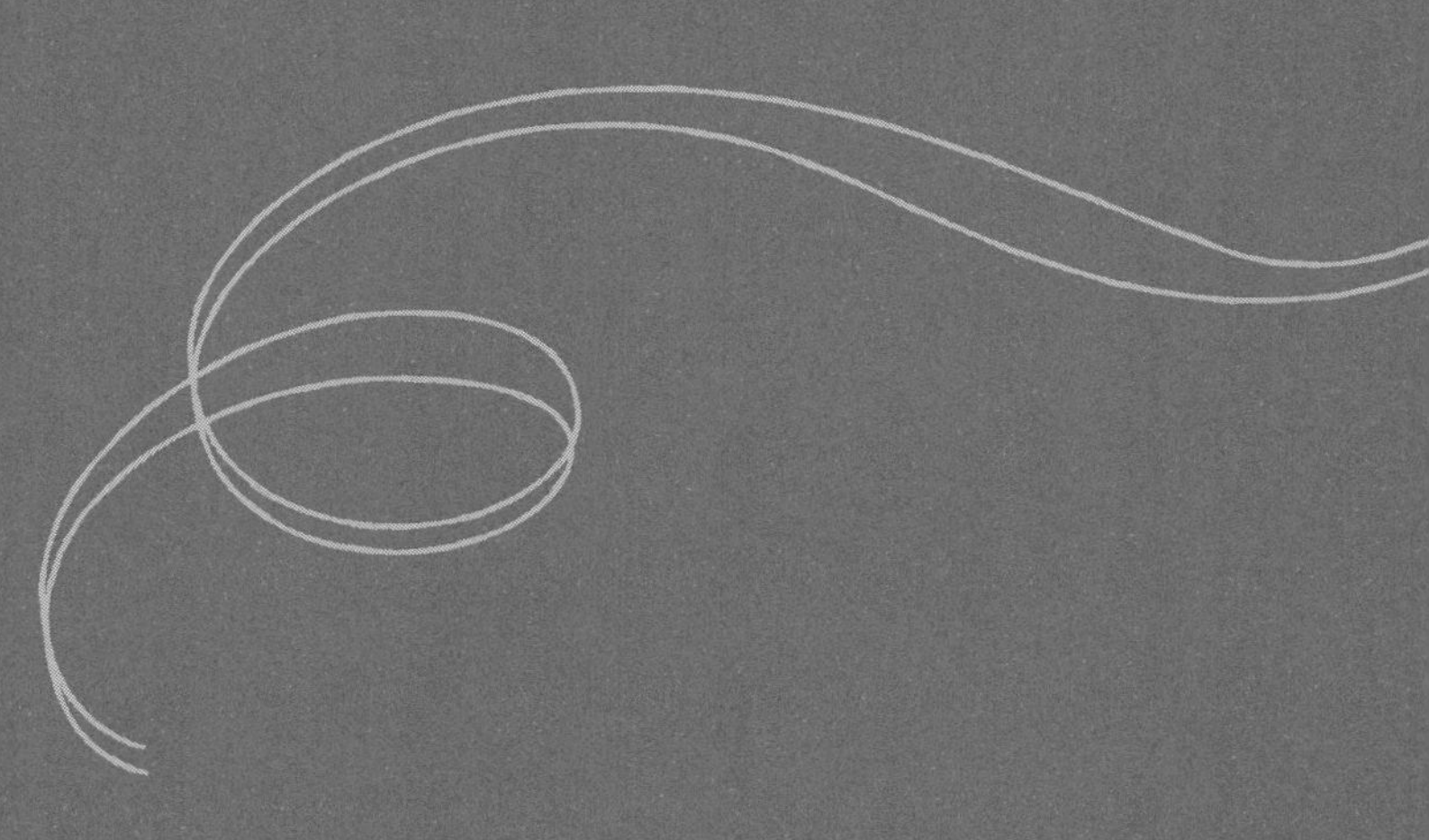

〃フレーム〃の土台は「髪」「表情」「姿勢」

褒められて一番うれしいのは？

「よしっ。これでOKな私！」。ここまでお読みいただき、さまざまなワークを実践する中で、そう思っていただけたらうれしいです。

でも、現実的には、ベストな状態を保つのは簡単ではありません。

「〃リセット〃してから出社したかったのに寝坊した」「仕事で同じミスをして怒られた」「家族と些細なことでケンカしてしまった」……。毎日、思い通りにはいかないものですよね。

そんな中でも「OK！」なコンディションでいるためには、まず**自分を認めること**

が基本です。さらに**人からも褒められ、認めてもらえたら、自信は深まります**。

褒められて一番うれしいのは「生き方」や「考え方」といった、最も内側の部分だと思います。存在そのものを肯定されたように感じるからです。「自分はこのままで大丈夫」「存在しているだけで価値がある」と、許されたような気持ちになるでしょう。

でも、見えない部分を第一印象で理解してもらうことはできません。だから、内面の延長線上にある外見が大切なんです。

外見で多くの人が褒められて特にうれしいと感じるのは、次の三つでしょう。

✦ 髪
✦ 表情
✦ 姿勢

この三つは、自分から切り離すことができないものだからです。服やメイクのように、後から足す「もの」ではありません。服もメイクも、この三つが整ってこそより美しさを引き立たせます。

「髪」「表情」「姿勢」で、あなたの内面を表現する土台を作っていきましょう。

三つの要素が大切な理由

髪は、**コミュニケーションに大きな力を発揮する**ことがあります。みなさんも、髪を褒めたり褒められたりしたことが一度はあるのではないでしょうか。

私の店舗のスタッフが美容師になったのも、そんな経験がきっかけだったそうです。彼女は学生時代、クラスの人間関係になじめず、悩んでいました。あるグループの子と仲良くしたら、別のグループに気を遣わなければいけなくなり、また別の子と仲良くしたら、今度はまた別のグループに気を遣わなければいけない……。

そんな生活に疲れてしまったある日のこと。美容師に勧められて、髪をばっさり切ってショートヘアにしました。すると翌日、どのグループの子からも「すごくいいね！」と褒められたそうです。

それからというもの、グループなど気にせず、誰とでも同じようにつき合えるようになったと言います。ショートヘアが彼女の理想像にフィットしていて、自然と自由に振る舞えるようになったのでしょう。

「髪を変えるだけでこんなに周りの人たちの反応が変わることを知らなかったんです。私もたくさんの人が楽しく生きるためのお手伝いをしたいと思って美容師になりました」と語ってくれました。

髪が人生も変えるほどの力を持っていることを、改めて教えられた気がします。

そして、表情。「顔」と言わないのは、印象を与えるのは目・鼻・口などの〝ポイント〟ではないからです。人は顔も大枠で捉えます。その枠全体から印象を受け取ります。

本書を執筆している2021年現在、ウイルス対策などの観点でマスクが手放せない状況になっています。マスクで口元が隠れているときは、目や声による表現が通常にも増して大切です。口が見えないなら、目からも精一杯、笑顔を伝えたいですよね。

マスクをかけないときも、口は笑っているのに目が笑っていないようなちぐはぐな表情だと、微妙な印象を与えてしまうかもしれません。

また「美人だな〜！」と思っても、その人がブスッとした表情をしていたら、「きれいですね」と褒めようとは思わないでしょう。**「笑顔が素敵ですね」と褒めたくなるような人こそ、雰囲気がいい人**だと思います。

表情の表現を補うこともあるのが「姿勢」です。

自分が話しているとき、誰かが身を乗り出すようにして聞いてくれたら「熱心に聞いてもらえてうれしい」と感じますよね。逆に、話を聞きたくても体調が悪くて、体を支えるためにテーブルにひじをついてしまう……という事情であっても、そういう姿勢は「嫌な感じ」と思われるでしょう。

姿勢にも自分のありようが現れます。体も〝フレーム〟を占める割合が大きいところなので、大切にしましょう。

「髪」「表情」「姿勢」は自分そのものです。温泉のような、三つの要素しか目に入らない場所でも、「雰囲気がいい人だな」と思われたら、最高だと思います。

〝リセット〟と〝筋膜リリース〟で〝フレーム〟を整える

筋膜の癒着とは

「髪が思うようにキマらない」「なんか表情がぎこちない」「いつも猫背で自信なさそうに見られる」などなど。そんなふうに、髪・表情・姿勢が思うように整わない場合は、二つの原因があると思われます。

一つは**コアのずれ**です。

私は普段、お客様に〝リセット〟で〝コアポジション〟になってもらってから、ヘアデザインやスタイリングを行います。P228以降で詳しくご説明しますが、コアのずれを戻すことで、お客様のなりたい理想像を表現する髪が作れるのです。施術を終えたお客様は、髪だけでなく、姿勢や表情もすっかり「いい雰囲気」に整います。

もう一つは**「筋膜の癒着」**です。

「筋膜」とは、文字通り筋肉を包む膜です。筋肉の繊維が束ねられた「筋束」が「筋膜」に包まれて筋肉を形成しています。全身の筋肉を覆っているので、筋膜は「第二の骨格」とも呼ばれます。

長時間同じ姿勢を続けることなどによって、この筋膜同士がくっついてしまうことがあります。これが「筋膜の癒着」です。本来、筋膜はなめらかで弾力性があり、隣り合う筋肉の動きをスムーズにします。でも、**筋膜が癒着すると、筋肉の動きが妨げられてしまいます**。

「はじめに」でお伝えした、頭が「硬い」状態は、筋膜がくっついて筋肉が動きづらいため、手の感触として硬いと感じるのです。筋膜が癒着して一部の筋肉が動かなくなると、周りの筋肉は固まった部分に引っ張られて突っ張ったような状態になります。

もちろん、姿勢はその影響を受けるでしょう。神経が刺激されれば、腰痛などの痛みを引き起こすこともあります。さらに、その部分をカバーしようとして他の部分に負荷がかかっていきます。

筋膜の癒着は予防・改善できる

Chapter4で、コアが傾くと筋肉が固まってリンパ液や血液の流れが滞り、美容のお悩みにつながるとお話ししました。これも、首や顔、頭の筋膜の癒着から始まる悪循環です。

首から上の筋膜の癒着は、〝フレーム〟にとても大きな影響を及ぼします。

同じ姿勢を15分以上続けると、筋膜に負荷がかかると言われています。デスクワークなどが長時間続くときには、**15分に一度**は体を動かして癒着を予防しましょう。

また、気づかないうちに癒着を起こすのが、目の周りの「眼輪筋（がんりんきん）」です。PCの画面やスマートフォンの画面を見続けることでも起こります。

癒着した筋膜は動かして刺激を与えるとはがれていきます。頭周りの**〝筋膜リリース（筋膜はがし）〟**を行うと、美容や腰痛などのお悩み改善につながっていきます。

自分を表現するヘアスタイリング

本当にうれしいヘアスタイルって？

満足度がとても高いヘアスタイルって、何だと思いますか？
それは、クセ毛を活かしたスタイル。サラサラになったとき以上に、お客様にとても喜ばれます。

コンプレックスに感じていたものが、武器に変わる瞬間。「ダメだと思っていたけど、こんなに素敵だったんだ」と気づいて「このままでＯＫ」と自分を肯定できると、余計にうれしいんですよね。

ありのままの自分の魅力を最大限に演出して、自分の理想像を表現できる。これが一番ハッピーなことなのでしょう。

自分を表現する髪を作るには、Chapter3でお伝えしたオーダー力が不可欠。伝えるべきことをしっかり伝えれば、後は美容師の仕事です。任せてください。

オーダーの後にしてほしいこと

ただ、オーダーの後にしていただきたいことがあります。

〝リセット〟と、**「鏡の中の自分と向き合うこと」**の二つです。

この二つを行わずに、ちゃんとオーダーしたからと安心して、雑誌やスマホに集中してしまったら……。「できましたよ」と言われて顔を上げたとき、鏡に映っているのは「理想の自分」ではなく、単に「髪型を変えた自分」。

「『落ち着きがあるけど若々しい。優しい感じ。あまり長さは変えたくない』と〝インプレワード〟にそってオーダーしたけど……理想通りの姿になってるのかな？　とりあえず、前髪も短すぎないし。ま、いっか」くらいの感想で終わってしまうと思います。

〝コアポジション〟を整えるステップ5で「最後に『〇〇な私、ＯＫ！』と声をかける」とお伝えしました。実はこれがとても重要です。**「自分は〇〇だ」と、マインドセットできる**からです。これがないとリセットの効果は半減してしまいます。

ヘアカットの際にも、この効果を利用します。

まずは**リセットを行って、コアポジションに戻ってください**。心身共に余裕ができて、新しい自分を受け入れる準備が整うでしょう。

そして、**美容師がカットするところをしっかり見てください**。変わっていく自分を見ながら「理想像になるために、こう切っているんだ」と意識しましょう。**心の中で「私は今、理想の〇〇になっていっている」と、言葉にしてください**。

私は施術中に、お客様にこの感覚を持っていただくための工夫をしています。

まず、カットに入る前に「〇〇なあなたを意識してデザインしていきますからね」と声をかけて、自分の理想像を意識してもらいます。

カットはなるべく顔周り、かつそのデザインの最も特徴的なところから始めます。カットの冒頭でインパクトを与えると、見てくれるからです。「理想に近づいていく自分」に集中してもらうようにします。

そして、最後に「あなたが理想の〇〇に見えるようにデザインを作りましたよ！」と改めて言葉にします。「これがなりたい理想の私なんだ」と思ってもらえるように、〝フレーム〟に意識を誘導するのです。すると、みなさん「確かに！」とおっしゃいます。

あなたも、美容室でこのマインドセットを行ってください。そして、**仕上げのときは「これがなりたかった理想の〇〇な私」と、心の中で宣言しましょう**。

日常には情報があふれています。テレビで見た場所などはすぐに忘れてしまうでしょう。でも、訪れた場所なら忘れませんよね。体験したことは覚えているものです。

美容室では大抵、切られるのを待つだけの受け身の状態でしょう。

でも、**リセットをして、ヘアスタイルの変化を見たり「私は理想の〇〇」とつぶやいたりすると、それは「体験」になります。コアポジションや理想の自分が潜在意識に記憶される**のです。

毎朝のヘアセットの際にもリセットをして、美容室での体験を再現するように「〇〇な私、ＯＫ！」の声かけをしてください。１カ月くらい続けたら、理想の自分であることがしっかり意識づいていきます。

周りの方からも「雰囲気が変わったね」と気づいてもらえると思います。そのときは「そう？」なんてごまかさずに「ありがとう！　どう変わった？」と聞いてみてください。きっと、あなたが目指す「見られたい自分」を言ってもらえますよ。

小さな癖を見直す

髪の悩みの犯人は自分？

髪を整えるには、髪のコンディションを改善することも重要です。

傷んだ髪は「疲れている」「余裕がない」などの印象を与えたり、理想のデザインを作りにくくしたり、いろんな意味で自分の理想像の表現を妨げます。

多くの人は正面からの自分の姿ばかり見て、他人から見た〝フレーム〟に、他の角度が含まれていることに気づいていません。

でも、**実際、他人からは横や後ろから見られていることの方が多い**のです。つまり、そうした角度から見える姿の方が印象を左右します。

例えば「ツヤ髪」を表現したい場合は、ことさら後ろ姿が勝負になります。髪は前から見える範囲よりも、後ろから見える範囲の方が圧倒的に大きいですから。

自分からは見えないところを整えるために、美容師の力を借りましょう。

私は施術の前に、お客様にアンケートでお悩みなどをお聞きします。その後に髪の状態を見ると、「やっぱり」と思うことがたくさんあります。

ご本人の気づいていない癖が、そのお悩みを招いていることがあるんです。

ついついやってしまう？　いろんな癖

よくある例をいくつか挙げてみましょう。

髪を触る

「よく髪を触っているな」と感じる方の髪には、切れ毛や枝毛があります。多少整えるくらいは問題ないのですが、頻繁に触ると髪はダメージを受けます。

頭を触ることも問題です。私も後頭部を触る癖があり、意識していないとその部分の頭皮が荒れてしまいます。

引っかいている人もよくいます。頻繁に触ると乾燥し、爪で雑菌がつけば炎症を起こします。乾燥した皮膚がはがれたらフケになるので、気をつけてください。

ショルダーバッグをいつも同じ方にかける

片側の髪にだけ切れ毛や枝毛が多い方は、そちら側にショルダーバッグをかけていることが多いようです。肩より長い髪の毛は、重いバッグにはさまれると切れてしまうことがあります。

そのような習慣は、コアのずれや体の歪みなどにもつながります。

髪の毛を耳にかける

「髪がはねる」と悩みを書く方に限って、耳にサイドの髪をかけています。髪を耳にかけると、毛先が前に向かってカールしたようになって、必ずはねます。

ストレートをキープしたいときは、髪を耳にかけないようにしましょう。

みなさん、こうした癖に気づいていないことが多いようです。もちろん、癖を持っていることを批判するわけではありません。

でも、不満や悩み、ストレスの原因がわかるとスッキリしますよね。解決策がわかれば、**日常のしぐさや日々のお手入れのとき「理想の自分に合わせて、変えていこう」という意識が生まれます**。それはただ悩んでイライラしているより、ずっと前向きなことでしょう。

その他、骨格などが髪のお悩みにつながっていることもあります。

また、本人は気づいていなくても、美容師として気になる場合もあります。そのようなときは「私はここがこう感じますが、どう思いますか？」とお聞きしています。

本人は見える部分を気にしているけれど、周りから見たら別のところがもっと問題だと思えることもあります。それをお伝えすると、「そうですか？」と、コンプレックスだったことをスッと忘れてしまうものです。

「自分が人にどう見えているか」は、自分にはわかりません。友だちや家族など、身近な人にも聞きにくいですよね。**美容室はあらゆる角度から他人に外見をチェックしてもらう機会**です。ぜひ、美容師に自分はどう見えるか聞いてみてください。

髪にまつわる思い込みをなくす

ヘアケアのよくある誤解

癖以外にも、髪を作り、〝フレーム〟に影響するのが毎日のヘアケア習慣です。多くの人が「正しいヘアケア」と信じているけど、本当は違う「髪にまつわる誤解あるある」。実はたくさんあります。必ず押さえておくべきものをご紹介します。

×シャンプーは髪を傷ませるので回数をできるだけ減らす

ヘアケアにおいて、頭皮の衛生を保つことが全ての基本です。確かに、市販のシャンプー剤の多くは洗浄作用が強いので、過度にシャンプー

すれば髪や頭皮に負担をかける可能性は高いでしょう。低品質なシャンプーで50回洗うと、パーマ1回分のダメージになるとも言われます。パーマをかけていないから髪が傷まないわけではありません。

私としては「シャンプー剤次第」だと思います。髪に栄養を与えながら洗浄できるシャンプー剤もあるからです。刺激が少なく、髪質に合ったシャンプー剤を選んで、二回洗うのが一番お勧めです。

×きれいな髪で出かけるために洗髪は朝

皮脂やホコリなどの汚れは、時間が経過すると酸化して毛穴に詰まります。夜寝る前にシャンプーして、その日の汚れを落とし、頭皮を清潔な状態に保ちましょう。

×ドライヤーは髪にとってマイナス要素でしかない

髪が濡れると表面で髪を守る「キューティクル」が開きます。このときが最も髪が傷みやすい状態です。熱は髪にダメージを与えますが、すぐに乾かさない方が髪にはマイナスです。
また、湿った頭皮には雑菌が繁殖することもあるので、洗髪後はすぐにドライヤーで乾かしてください。

×白髪への最善の対処法は抜いてしまうこと

一つの毛穴からそれぞれ毛髪が1本ずつ生えているわけではありません。複数生えている毛穴もあります。
白髪を抜くことで毛穴が傷ついてしまった場合、他の黒い髪まで生えてこなくなる可能性があります。白髪を抜くのは控えるべきです。

×枝毛は別れた部分を取れば（割けば）OK

傷んだ髪の毛を見つけてむしったり、ちぎったりすることは禁物です。そこからさらに枝毛や切れ毛を作る原因になります。

×白髪染めは長くつけておくほど色が入り、長持ちする

薬剤は、髪や頭皮に塗布されている時間が長いほど毛髪や皮膚に負担をかけます。いかに短時間できれいに染めるかが美容師の腕の見せどころなのです。

ダメージが多いほど退色も早いので、髪に負担をかけずにしっかり染めることが、カラーを長持ちさせる秘訣でもあります。

×パーマでは髪が傷むのでコテでスタイリングする

コテやヘアアイロンは180度から200度近い温度になります。毎日髪を油で揚げるようなものなのです。

巻いたスタイルを楽しみたいなら、パーマを土台にかけて、コテで軽く仕上げるようにするのも、髪への負担を少なくする一つの方法です。

×髪を伸ばしている最中は切らない

定期的に毛先をトリミング（整えるカット）するのがベストです。毛先が傷んでいると絡まったり切れたりして、きれいに伸ばすことができません。

×トリートメントはたっぷりつけるほど効果的

髪の表面にまんべんなく行き渡る量が適量です。たくさんつけても効果が上がるわけではありません。むしろ、頭皮や髪に余計な油分が残り、悪影響を及ぼすこともあります。

でも、頭皮についてもOKなトリートメントもあります。その場合、髪をタオルで包み、湯船でじっくり浸透させる定期的なスペシャルケアは有効です。

×美容室のトリートメントをすればケアは完璧

普段はケアせず、月に一度だけ美容室でトリートメントする。

これは毎日、素手で食器洗い洗剤を使って食器を洗い、ガサガサになってしまった手に、月に一度だけ高級なハンドクリームを塗るようなもの。ゴム手袋をして、安価でもこまめにクリームをつけた方が、きれいな状態を保てることはすぐに想像できるでしょう。

実際は、どちらもお勧めできませんが「トリートメントは高品質だけど、シャンプーは低品質のものを使っている」場合と「高品質なシャンプーを使い、トリートメントはしない」場合のどちらがマシかと聞かれたら、後者です。先ほどからお伝えしている通り、ケアの要はシャンプーです。

美容室での集中ケアも大切ですが、３６５日の大半は自宅のケアがメインです。デイリーケアはあなどれません。

×ヘアオイルはたくさんつけるべき

オイルは髪の保護のために使用するものです。毛髪そのものに水分が不足していたら、たくさんつけても、表面だけがベタベタしてしまうでしょう。

負担の少ないシャンプーを使って洗う↓トリートメントで適度な栄養を補う↓手早くドライヤーで乾かすという毎日のケアが先決です。

そうして髪をできるだけ健康にした上で、オイルは髪に行き渡る量をつけてください。

ヘアケアで〝自己表現〟の幅は広がる

シャンプー剤によるダメージはあまり知られていません。髪に負担の少ないシャンプーに変えたお客様は、髪がきれいになることを経験して喜ばれます。

そしてヘアケアに夢中になり、どんどん明るくなっていきます。

髪質が変わってくると、今まで「自分の髪質では無理」と諦めてしまったヘアデザインも視野に入ってきます。**「このヘアスタイルの自分もありかも」と、新しい自分を見つめるきっかけになる**んです。髪質の改善は、挑戦できるヘアデザインの幅をグンと広げて、〝フレーム〟に変化をもたらします。

〝筋膜リリース〟で表情筋をほぐす

頭と顔の筋肉は連動している

私の肌感覚ですが、頭の筋膜が癒着していない人はいません。多かれ少なかれ、誰しも筋膜の癒着を起こしています。

美容師がシャンプーの際に触れる頭の筋肉は、額から頭頂部手前にかけての**「前頭筋」**と、目と耳の間から上の頭の「ハチ（一番出っ張っているところ）」辺りの**「側頭筋」**です。これらは顔の筋肉の動きとも相関しています。

脳を守る頭の骨（頭蓋骨）は、厳密に言うと前頭部の「前頭骨」、頭頂〜後頭部にかけての「頭頂骨」、側頭部の「側頭骨」などのいくつかの骨の集合です。生まれたときはそれぞれの間に隙間がありますが、成長と共に徐々に隙間が減っていきます。頭頂部近くの前頭筋の端の辺りと、側頭筋の真ん中辺りには、これらの骨がくっついたラインがあります。触ると少しくぼんだところです。成人しても骨がわずかに流動しているのですが、その部分はとても癒着が起こりやすい場所です。

自分の筋膜をチェックしてみましょう。

額の髪の生え際より少し上辺りに両手の指を置いて、軽く上方向に持ち上げてみてください。顔の筋肉も連動している感覚はありますか？

次は、こめかみより少し後ろ、耳の上辺りに左右の手の指を添えて、上に持ち上げます。顎関節周りの筋肉が一緒に上がるのを感じられますか？ **動きを感じられなければ癒着のサイン**です。次の手順で、筋膜をリリースしていきましょう。

円を描いて、引きはがす

How to

眼輪筋（目の周りの筋肉）の筋膜リリース

目を酷使する現代人が特に癒着を起こしやすい表情筋です。最初にほぐしておきます。決して眼球を強く刺激しないように注意してください。

ステップ①

目を閉じる。右手は右目の、左手は左目の目頭側の骨のふちに、それぞれ親指を軽く引っかけるようにして置く。

ステップ②

眼球を押さないように注意しながら、眼球と骨の間に少し指を差し込むようにする。その指でごく軽く圧をかけながら、4～5回ほどゆっくり左右に動かす。

ステップ③

指をやや外側に移動して、ステップ②を行う。少しずつ指の位置をずらしてステップ②を繰り返し、4～5回で目尻側までリリースする。

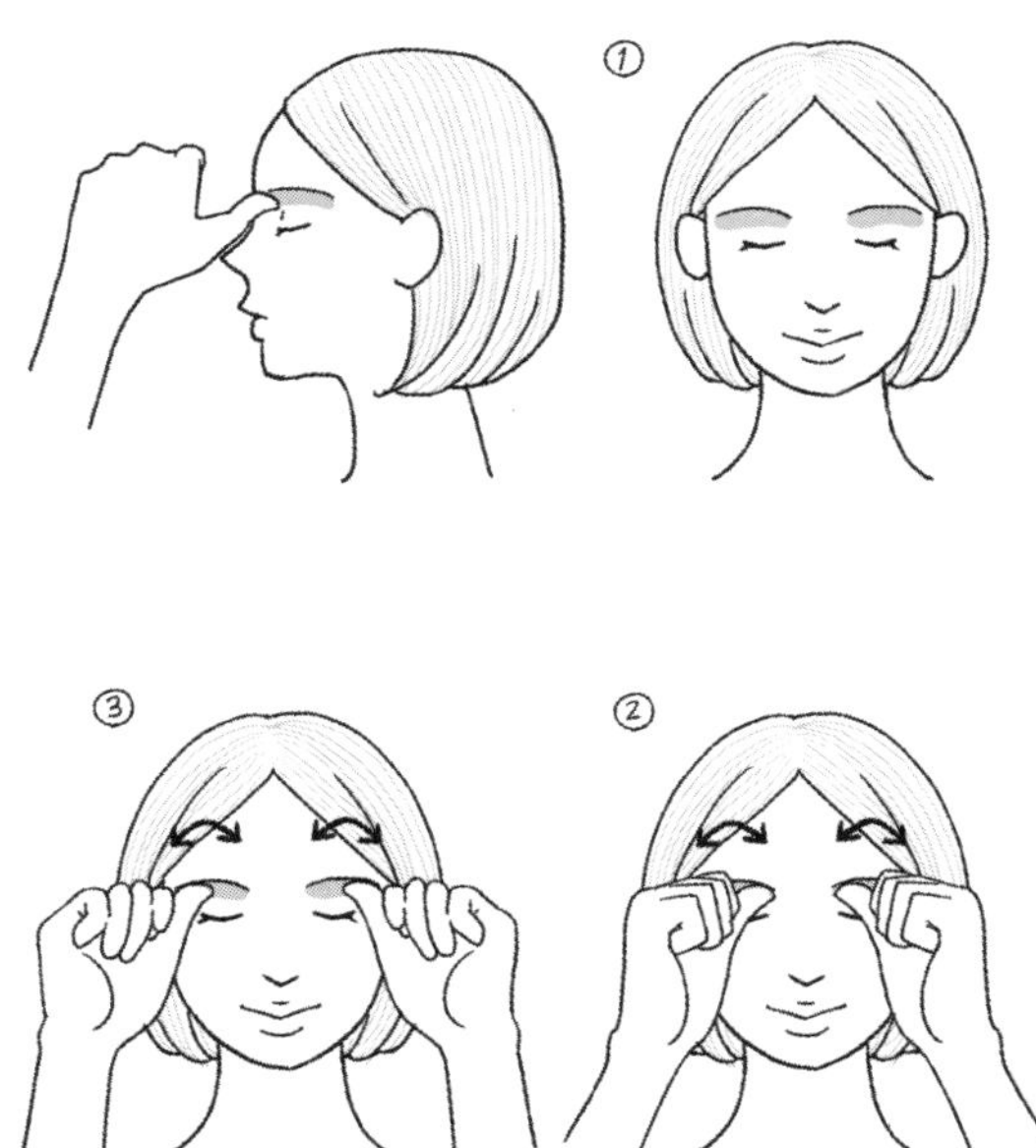
眼輪筋の筋膜リリース
①
③
②

How to

前頭筋の筋膜リリース

もともといくつかのパーツに分かれていた頭蓋骨は、ほんの少しですが動きます。肩が内側に入りやすいのと同じように、前頭骨も「内巻き」になりがちのようです。

特に右側にその傾向が強いように思います。〝コアポジション〟で胸を開くのと似たイメージでほぐしていきましょう。肌をこすって傷つけないように注意してください。

ステップ①
両手で「猫の手」を作る（手の指を第二関節まで曲げる。親指は人さし指の横にそえるようにする）。

ステップ②
右の手は右の眉の上に、左手は左の眉の上に置く。このとき、第一関節を中心にして、第一関節と第二関節の間の部分を密着させるように、額に軽く押し当てる。

ステップ③

両手を額に軽く押しつけたまま、外周りに円を描いてほぐす。

ステップ④
両手の位置を少し外にずらして、同じように円を描く。5回くらい位置をずらして繰り返し、額の端まで行う。こめかみを強く刺激しないようにする。

ステップ⑤
ステップ②の手の位置を1センチほど上にずらして、同じように額の端までほぐしていく。額をまんべんなくストレッチできるまで、手の位置を上にずらして繰り返す。髪の生え際辺りまで到達したら終了。

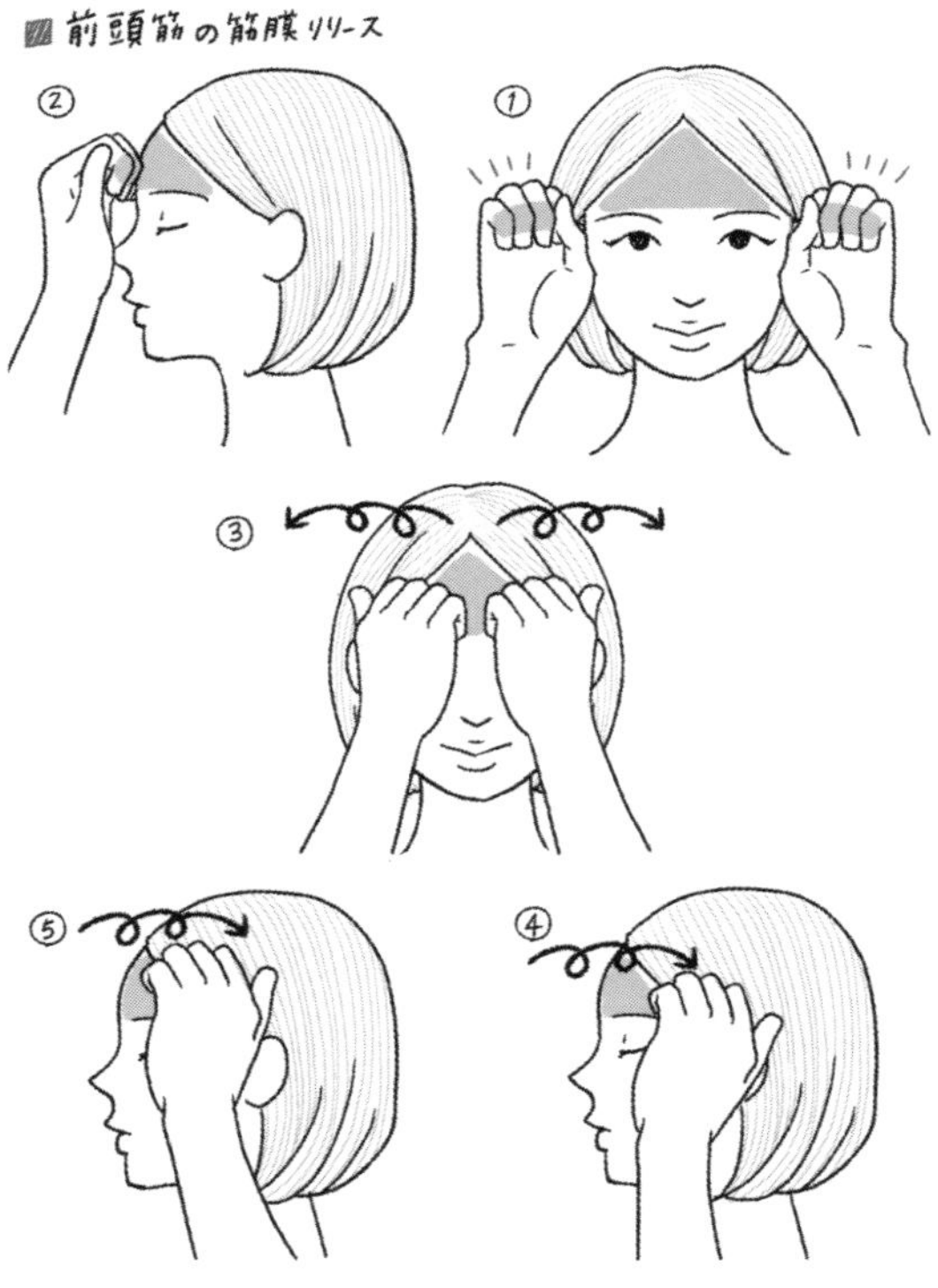
前頭筋の筋膜リリース
②
①
③
⑤
④

癒着が改善すると「顔が上がる」

How to

側頭筋の筋膜リリース

側頭筋はエラの辺りの筋肉とつながっているので、癒着が改善されると、フェイスラインのたるみがなくなって顔が上がったように見えます。筋肉を上に引き上げるように行ってください。力を入れる必要はありません。顔の筋肉との連動を感じられるくらいにほぐしましょう。

ステップ①

両手の指を少し広げて、親指以外の４本の指で耳を包むように、頭に触れる。小指がこめかみより後ろ（耳側）になるようにする。

ステップ②

手で触れている部分（側頭筋）を〝ゴールデンポイント（Ｇ・Ｐ）〟（Ｐ１８０参照）に向かって引っぱり上げるようにする。２秒キープ。顎の筋肉が引き上がる感覚がわからなかったら、軽く上下にほぐすように動かす。こめかみを刺激しないように注意する。

ステップ③

手を2センチほど（指一本分）上にずらし、同様にG・Pに向けて引っぱり上げて2秒キープ。

これをハチの上のところまで繰り返す。G・Pには触れないようにする。

これを行うと、**すっきりした感覚**になります。できるだけ1日に1回、お風呂の湯船につかっているときなどに行うと、より効果が上がるでしょう。

毎朝の〝リセット〟の前に行うと、よりポジショニングしやすくなると思います。

〝インプレ〟の施術では、手によるヘッドケアの後、低周波ブラシを側頭部やフェイスラインに当てて、同じようにG・Pに向けて引き上げるフェイスリフトを施します。低周波の微細な振動を与えることで筋膜をより効率的にはがすことができるため、効果は一目瞭然。それまで固まったようだった頬の筋肉が動くようになるので、顔がすっきりリフトアップして見えるのです。

また、血流が上がって、肌色もすぐ2トーンくらい上がります。お客様は「顔色が

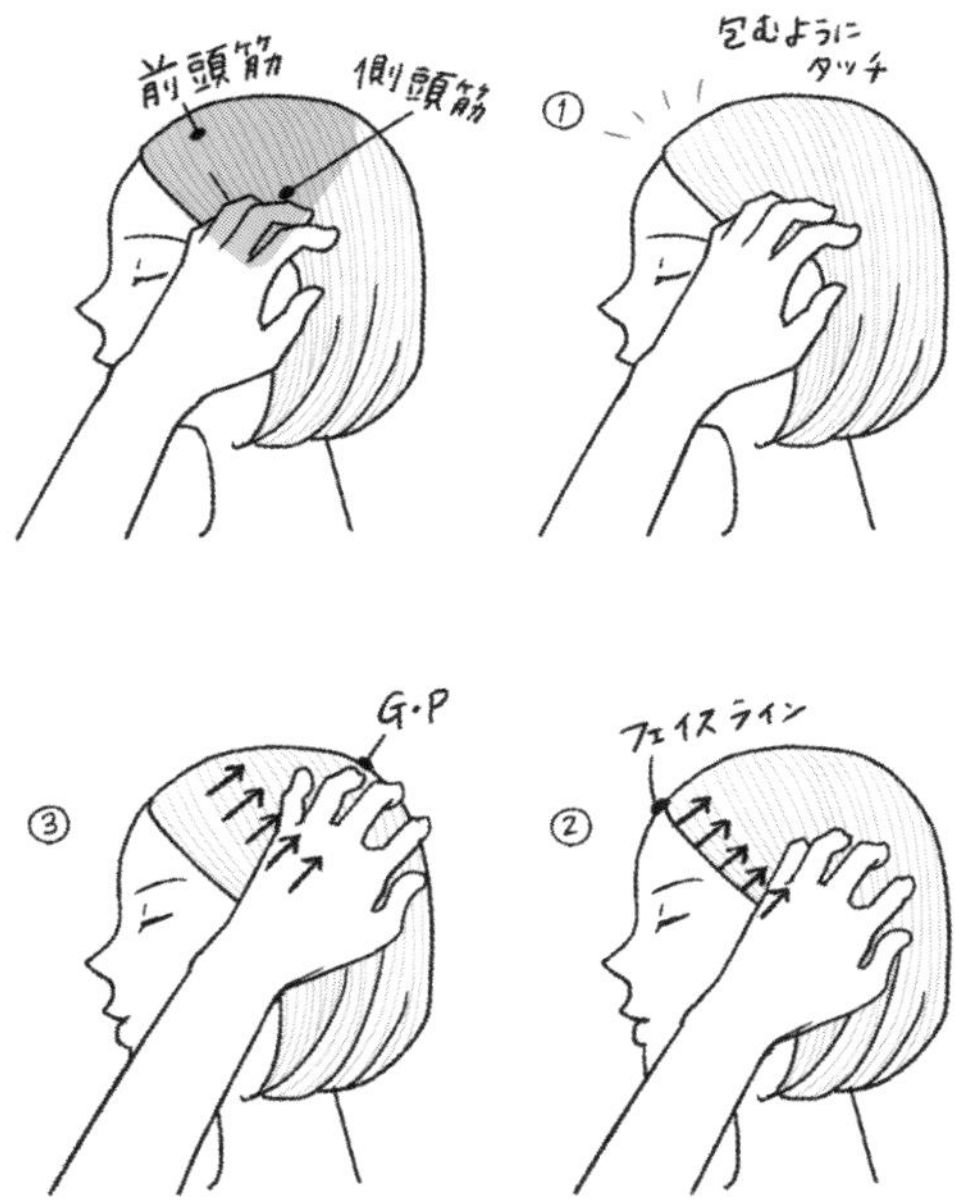
側頭筋の筋膜リリース
前頭筋
側頭筋
①
包むようにタッチ
③
G・P
②
フェイスライン

明るくなって、顔が上がった！」と100％喜ばれます。

施術後はみなさん表情豊かに、ニコニコと、ご機嫌で帰られます。私の経験則では、これを続けると肌の状態はどんどんきれいになっていきます。

スタッフもこの体験をすると、表情が生き生きとしてきて前向きになり、コミュニケーション力が上がって、お客様にも好かれるようになるのです。

3つの筋膜リリースの手順を、一つの動画にまとめました。次のURLまたはバーコードから、ご覧いただけます。参考にしてみてください。

https://mindco.biz/self-release/

〝フレーム〟を簡単に操るコツ

TPOで髪を「着替える」

髪・表情・姿勢は生き方や考え方の反映ですから、すぐには変わりません。〝リセット〟や〝筋膜リリース〟を繰り返して、整った状態を自分のものにするまで少し時間が必要です。体調などの都合で姿勢や表情が整わない日もあるでしょう。

一方、メイクや洋服は自分そのものの美しさを「より引き立てる」ために足すもの。薄めにしたり、盛ってみたりと自由自在に「着替える」ことができます。自分の魅力をより引き出すツールとして、日々いろいろな形で楽しんでいただきたいと思います。

もちろん、ヘアアレンジもそうです。ヘアスタイルには性質があるので、**少し変え**

るだけで〝フレーム〟の印象を大きく変えます。調子の出ない日に「髪さえなんとかすれば！」と、頼ることができるのも髪。

次のような、髪のプチアレンジを、いろんなシーンの演出として、ＴＰＯに合わせて使い分けてください。

分け目を変える

サイドで大きく分けるほど、セクシーさを表現できます。分け目を作らない、パツンと直線的な前髪は、純真さを象徴するスタイルです。幼くも見えますが、若々しさを出したいときに使えます。センターで分けると、清楚さＭＡＸです。中性的な魅力を表現できるでしょう。お仕事では分け目を真ん中近くに、デートのときは少しサイドで分けるなど、使い分けてください。

おでこを出す

分け目と関連しますが、前髪を上げてなくすと、凛々しく、芯の強さが引き立ちます。「今日はなめられたくない」というときにやってみるのも手です。

まとめ髪

髪を束ねる高さによって印象を変えられます。高いほど活発になり、低い位置では落ち着きが出ます。

また、束ね方でも演出が可能です。きっちりしたひっつめ髪で、おでこを出すと強さが出ます。顔周りのおくれ毛の毛先をゆるくカールすれば、柔らかくフワッとした印象になります。ただし、おくれ毛が長すぎるとおかしくなってしまうので、ベースのスタイルから調整してください。

耳にかける・首を出す

髪を片方耳にかけて、耳や首筋を見せると、セクシーさが出ます。「いつも見えないところが見えている」という心理は、人をドキッとさせるのです。恋愛のここ一番という場面の演出に有効かもしれません。

スタイリング剤を変える

「ツヤ感を出すヘアスプレーやオイルを使って、健康美を強調」「軽さを出すヘア

ワックスで、ふんわりやさしくアレンジ」「スタイリング力の強いヘアワックスで外ハネをキープして、陽気さを演出」などなど。
スタイリング剤の使い分けでも印象を変えることが可能です。

髪でキャラクターをスイッチ

顔色が冴えないから明るく、仕事でプレゼンを通したい日はデキる女ふうに、気になる人を振り向かせたいから少しセクシーに、コミュニケーション職の面接だから快活に……など、TPOに合わせて髪を「使って」、望む自分を実現してください。

アレンジするときも、まずは〝リセット〟しましょう。「今日は知的な私になる」「優しいママに変身」といったふうに、なろうとしている自分をはっきりとイメージすることが大切です。理想に基づくアレンジをしていること自体が楽しくなります。

ヘアメイクやファッションって、そんなふうにウキウキ楽しいものです。「もっと素敵になっちゃおう！」という、毎日の小さな喜びのためにあるのだと思います。

本当の「美容」を目指す

佇まいから美しく

「姿勢を正す」とよく言いますよね。

辞書には「体の構えや心構えをきちんと整える」とあります。後半の心構えの部分は、特に「まじめな気持ちで物事に対峙する」と説明されているようです。

私は〝フレーム〟内の「姿勢」には、「体の構え＝体勢」が整っているかどうかよりも**「どのような気持ちでいるかが現れる」という意味合いの方が大きい**と考えています。

若い頃の私がしていた「斜に構える」「顎を上げる（見下す）」のように、本人にそのつもりがないのに、そんな心持ちを表現していると受け取られてしまうのは、残念なことです。

心のありようを姿勢で表す言葉は、他にもたくさんあります。

「胸を張る」→得意になる

「肩を落とす」→がっかり、落ち込んでいる

「前のめり」→積極的／性急に物事を進めようとすること、せっかちな様子

「腰が引ける」→物事に対して消極的なこと、責任を逃れようとする態度

「前向き」→考え方が積極的なこと

「後ろ向き」→考え方が消極的なこと

「首をかしげる」→不審に思う、納得がいかない

気持ちが落ち込んでいれば、肩が内側に入って「下がった」ような体勢になるでしょう。逆に、わざとそういう体勢を取って「大丈夫？ 何かあった？」なんて気を引くこともありえます。それくらい私たちは姿勢で心情を表現しています。

今、あなたの体勢はどうなっているでしょうか。気持ちと一致していますか？　本当はポジティブな心境なのに、ネガティブな心を表す姿勢になってしまっていないでしょうか。

不一致に気づいたら、〝リセット〟です。本来の美しいあなたを、体全体で表現してください。

「いい雰囲気」は美容室で作れる

「美容」って何でしょう？

肌や髪をきれいにしようとケアすること。でも、それだけでしょうか。

私は**「存在そのものの美しさを自覚すること」**だと考えています。

肌や髪にフォーカスするのではなく、〝フレーム〟に目を向けて、いつも「美しい自分」を意識していくことです。

私も、みなさんも、誰しも生まれながらに美しいんです。生まれた瞬間から、完璧なんです。それに気づくと、人生が変わります。

美容室は、美しい自分を再確認するために行くところです。

自分の理想像、自分の美意識を見つめ直して、美容師にオーダー。もし気分が向いたら、失敗談などと合わせて、最近あったことや感じたことも話してみてください。苦い記憶も、髪と一緒にカットしてしまいましょう。

外見と一緒に内面も新しくなっていく感覚になり**「このヘアデザインで自分の未来は明るくなる」**と信じることができます。

美容師はあなたのフレームの美しさを一緒にプロデュースする、パートナーのような存在です。ぜひ信頼できるパートナーを見つけてください。

髪のダメージケアを考えると、毛先のトリミングやトリートメントなどのベストなタイミングは**月に1回**です。難しくても、2カ月に1回は必ず美容室に行ってほしいと思います。このくらいの頻度で自分に向き合う時間を取ってほしいからです。

2カ月ごとに「この自分でいくんだ」と自分の理想像を思い出して、心身共にリラックス&リフレッシュしましょう。

心と体は表裏一体で、どちらかが整えばもう一方も整っていきます。

でもどちらかと言えば、整えやすいのは外側からだと思います。だから、毎日〝リセット〟して〝コアポジション〟を作ることが大切なんです。

〝リセット〟でフレームに意識が向けば、もっともっと「美しい自分」が見えてきます。美しさにどんどん磨きがかかっていくことでしょう。

そうして、誰とも比べることなく自分に「ＯＫ！」を出している状態になれば「みんな、ＯＫ！」と周りの人たちのことも優しく受け入れられるようになるはずです。

そんな人を私たちは「雰囲気がいい人」と感じるのだと思います。

おわりに　自分に制限をかけない

人の喜びに携わる幸せ

初めて美容室に行ったときの衝撃を、今でもはっきり覚えています。

高校2年生の頃でした。

当時の私は外見を磨くことには全く無頓着。髪もたぶん伸ばしっぱなしで、強そうに見えることを気にしていたくらいだと思います。

そんな私に初めてガールフレンドができたんです。とてもおしゃれな子でした。思えば、夏休み明けにすっかり雰囲気が変わった彼女が気になったのがきっかけでした。

子どもながらに、〝フレーム〟で彼女の魅力に気づいたのですから面白いものです。

「彼女に追いつきたい」と必死で背伸びをして足を踏み入れた美容室。当時はカリスマ美容師ブームの真っただ中でした。かっこいいおしゃれなお兄さんたちがたくさん働いていて、「こんな世界があるんだ！」と、一瞬で魅了されたんです。

「普通の僕でも美容師になれますかね？」と、その日に聞いたと言えば、その熱量がわかっていただけるでしょう。当時の私はおしゃれがわからず、冴えない外見の自分に引け目も感じていたと思います。

それでも、その美容師さんは「なれるよ」と言ってくれました。

おしゃれになりたいと思わせてくれた彼女の存在と美容師さんのさりげない一言が、私の人生を変えました。

入職してすぐ、私の直感は間違っていなかったと確信しました。

一生懸命にシャンプーすると、お客様が「ありがとう」と言ってくださったのです。

こんな自分でも、学んだ技術を使って人を喜ばせることができる。このことで自信をつけ、私は初めて自分を肯定できました。

「こんなダメな自分でも人に感謝してもらえるんだ！」という感動が、いまだに仕事の原動力になっています。

美容の仕事で社会の役に立つ

その後、日本を飛び出したくなって渡英し、2年ほど滞在。ロンドンコレクションの裏方などを経験して帰国後、またいくつかの店舗で美容師として働きました。

管理職を任されるようになった頃、私は若いスタッフが定着しないことに問題意識を持つようになりました。人のためになりたいという想いを持った、真面目で優しい後輩たち。彼らが、ある日「もう無理です」と志半ばで辞めてしまうことを、苦しく感じました。その後、働きやすい環境を作ろうと思い立ち、独立開業したのです。

でも、その約1カ月後、東日本大震災が起こりました。「明日からお客さんは来るだろうか」という不安に襲われた私は居ても立っても居られず、店のチラシのポスティングへ。世の中が大混乱の中、店の存続を心配して宣伝活動をしている自分。

ふと、手が止まりました。

「売り上げのことばかり考えて、俺は何のために仕事をしているんだろう……」。雷に打たれたようでした。「今、自分にできることは何だ？」と、店へ戻る道すがら考えました。そして店に着くと、帰宅できずに留まっていたスタッフたちにシャンプーしました。あれほど命がけでシャンプーをしたことは、後にも先にもありません。

このとき、私は「美容の仕事を通して社会貢献する」という誓いを立てました。お客様に喜んでいただくのはもちろんのこと、若い美容師のみなさんに仕事の素晴らしさを伝え、この仕事に携わる人を増やすことでも、お客様の喜びを増やしていきたいと心に誓っています。

美容師の仕事は、マニュアル通りに「髪を切る」だけの仕事ではありません。お客様の生き方に心を寄せ、本当に輝く笑顔になっていただくことを意識して仕事をしてほしい。そこにやりがいがあります。

女性の笑顔が世界を元気にする

私の母は40代前半の頃に大病をして、自由に生活することが難しくなってしまいました。母が倒れた年齢に自分が近づき、「もっと何かしてあげられたのではないか？」という思いを強くしています。若くして自分らしく生きることができなくなった母の分まで、たくさんの女性を笑顔にしたいと考えるようになりました。

母の発病当時、私は小学生。幼いながらに、病気に自分らしい生き方を奪われてしまった母の辛さを感じ取っていました。家の中は、少し暗く感じられました。そんな家庭で育った経験から「女性には輝いていてほしい」という強い願いがあります。お母さんであってもなくても、女性の笑顔には周りを元気にする力があると思うのです。

私が美容師を続けるのは、人が自由に自分を表現して人生を楽しむお手伝いをすることに使命を感じているからです。

〝インプレ〟には、私のそんな想いがつまっています。お客様の本当の悩みや望みに寄り添う。自分らしく輝いてもらう。

それができれば、美容師の存在価値も上がるはずです。お客様からもっと喜ばれ、求められるようになったら、美容師自身も仕事に誇りを持つことができるでしょう。

私は、生涯をかけて、美容の仕事の価値を上げていきたいと思っています。

そんな生きがいをくれた母に、厳しさと愛をもって強く鍛えてくれた父に、心から愛と感謝を伝えます。「いつも本当にありがとう」。

いつも近くで見守り支えてくれる家族、共に支え合い、志に向かい成長を共にしてくれるサロンのスタッフさんたちに、愛と感謝を贈ります。「これからもどうぞよろしくお願いします」。

また、私を美容師として育ててくださった木下さんはじめ数々の先輩方、本当にありがとうございます。

〝インプレ〟の開発や本書の執筆には、美容室での不満など、お客様の本音が欠かせないものでした。約４万人のヘアチェンジに関わってきたヘアライターの佐藤友美さんに、参考になる助言をたくさんいただきました。お礼申し上げます。

そして経営に行き詰まり、どうすればいいか迷うたびに、いつもたくさんの学びを与えていただき、未来を明るく示し続けてくださるバグジーの久保先生にも社員一同心からお礼申し上げます。

最後に改めてもう一度。

みなさん、美容室に行く前には、心の準備をしてください。美容室は美しくなるために行く場所です。表現したい自分の美しさ、理想像をしっかり思い描いて、美容師さんとじっくり共有してほしいと思います。

そのためにまず、自由に自分を表現することを、自分に許可してください。どんなあなたでも、素晴らしいんです。自分に制限をかけないでください。

美容師のみなさんは、お客様の美しさを表現し、理想の生き方を叶える大切な仕事を、自信を持って楽しんでください。そうすることで、美容室を本当に楽しみに来てくださるお客様も増えていくと思います。

いろんな不安が蔓延し、価値観が変わっていく時代の変遷期だからこそ、美容室が、お客様と美容師の「心と心が触れ合える場所」になっていくことを心から願っています。

本書を最後まで読んでいただき、ありがとうございました。関わる全ての人たちに感謝を贈ります。

浦郷栄二

プロフィール
浦郷栄二（うらごう・えいじ）
通称・浦 Go ♪。
美容師歴 20 年。美容室・エステサロンオーナー。
高校卒業後、美容師の道へ。３年間働きながら美容専門学校へ通い、美容師免許を取得後に渡英。ロンドンコレクションの舞台裏などで経験を積む。帰国後は大手の美容サロンに勤務し、29 歳で独立。
これまで延べ５万人以上のお客様の悩みに寄り添ってきた経験から、髪や姿勢を整えることで理想の印象を作りだす、「インプレ」を開発。根本的な美容ケアを目指す。
現在は都内の美容室・エステサロンの経営に携わりながら、美容師の価値向上のための活動も行っている。

雰囲気がいい人のやっていること

2021 年 4 月 20 日　初版発行

著　者　浦郷栄二
発行者　野村直克
発行所　総合法令出版株式会社
〒 103-0001 東京都中央区日本橋小伝馬町 15-18
EDGE 小伝馬町ビル 9 階
電話　03-5623-5121
印刷・製本　中央精版印刷株式会社

落丁・乱丁本はお取替えいたします。

ISBN 978-4-86280-794-6
総合法令出版ホームページ　http://www.horei.com/